Os Exilados de Montparnasse

JEAN-PAUL CARACALLA

Os Exilados de Montparnasse

Tradução de
VÉRA LUCIA DOS REIS

EDITORA RECORD
RIO DE JANEIRO • SÃO PAULO

2009

CIP-Brasil. Catalogação-na-fonte
Sindicato Nacional dos Editores de Livros, RJ.

C251e
Caracalla, Jean-Paul
    Os exilados de Montparnasse / Jean-Paul Caracalla; [tradução Véra Lucia dos Reis]. – Rio de Janeiro: Record, 2009.

    Tradução de: Les exilés de Moantparnasse
    Inclui bibliografia
    ISBN 978-85-01-07977-0

    1. Americanos – Paris (França) – História – Século XX. 2. Ingleses – Paris (França) – História – Século XX. 3. Escritores americanos – Paris (França) – História – Século XX. 4. Escritores ingleses – Paris (França) – História – Século XX. 5. Paris (França) – Vida intelectual – Século XX. 6. Paris (França) – Usos e costumes – Século XX. 7. Montparnasse (França) – História – Século XX. I. Título.

08-4346
    CDD – 944.36
    CDU – 94(443.6)

Título original em francês:
LES EXILÉS DE MONTPARNASSE

Copyright © Editions Gallimard, 2006

Todos os direitos reservados. Proibida a reprodução, armazenamento ou transmissão de partes deste livro, através de quaisquer meios, sem prévia autorização por escrito. Proibida a venda desta edição em Portugal e resto da Europa.

Direitos exclusivos de publicação em língua portuguesa para o Brasil adquiridos pela
EDITORA RECORD LTDA.
Rua Argentina 171 – Rio de Janeiro, RJ – 20921-380 – Tel.: 2585-2000
que se reserva a propriedade literária desta tradução

Impresso no Brasil

ISBN 978-85-01-07977-0

PEDIDOS PELO REEMBOLSO POSTAL
Caixa Postal 23.052
Rio de Janeiro, RJ – 20922-970

Para Michel Déon, o amigo

AGRADECIMENTOS

A Caroline Tachon, Marc Lambron, Pierre Canavaggio pelos preciosos documentos que generosamente puseram à minha disposição.

A Pierre Rey por seus conselhos e encorajamentos.

A Flore Négroni por sua leitura atenta.

O grau de fidelidade à verdade (que um
escritor demonstra) deve ser tão elevado que
o que ele inventa baseado no que conhece
deve compor uma narrativa mais verdadeira
do que seriam os fatos exatos.

ERNEST HEMINGWAY

1

"A América é minha terra, mas Paris é minha casa."
Gertrude Stein não mudará essa escolha. Quando, sob a ocupação alemã, os judeus tiverem de escapar das leis de discriminação racial, a futura inspiradora virago da jovem literatura americana, impávida, permanecerá na França.

Gertrude Stein[1] chega a Paris em 1903, proveniente de Oakland (Califórnia). Mulher pequenina e gorda, sem formas, masculina de modos e de entonação, de atitudes viris e inclinações homossexuais, vem acompanhada do irmão Leo. Diletante de olhar astuto por detrás de óculos de aro de ouro, barba de Moisés espalhada sobre o longo corpo indolente, Leo é pintor; sobretudo, se revelará um judicioso colecionador de pintura moderna. Inseparáveis, a irmã e o irmão se instalam numa pequena casa de dois andares, com um ateliê anexo construído no pátio do número 27 da rue de Fleurus, entre o boulevard Raspail e o Jardin du Luxembourg. Gertrude e Leo freqüentam exposições e galerias de arte parisienses. Sem serem ricos, dispunham

---

[1]Gertrude Stein (1874-1946), escritora e colecionadora, nasceu em Alleghany (Pensilvânia) e morreu em Paris.

de algum dinheiro para satisfazer-lhes os gostos artísticos. A conselho do compatriota e historiador da arte Bernhard Berenson,[2] em cuja casa em Florença Leo passou uma temporada, eles procuram Ambroise Vollard, no número 6 da rue Laffite, e compram obras de Renoir, Gauguin e Cézanne.

Em 1905, o cadinho de pintores de Montparnasse agita-se com as novas tendências da pintura divulgadas pelo Salão de Outono do Grand Palais. Gertrude e Leo ali descobrem os coloristas exacerbados, defensores da cor pura, reunidos na sala VII. Ela recebe o nome de "cage aux fauves", a gaiola das feras, dado por Louis Vauxcelles, crítico de arte do Gil Blas.[3] Este, ao encontrar no meio daquelas telas de cores reluzentes um bronze neoflorentino de Albert Marque,[4] teria exclamado: "Donatello entre os *fauves*!"[5]

Os quadros de Matisse, Braque, Van Dongen, Dufy, Derain, Vlaminck, Marquet, Friesz, Manguin, Puy, Valtat causam escândalo. Provocam a raiva e o desprezo do público conservador, da crítica mais ou menos enfeudada à arte oficial e dos aduladores da arte acadêmica.

O fogo ateado pelos impressionistas mal se apagara, e a derradeira brigada de pintores-bombeiros se mobiliza novamente para preparar o último aceiro contra a "selvageria e o primitivismo".[6]

---

[2]Bernhard Berenson (1865-1959), crítico de arte, americano de origem lituana, especialista em pintura da Renascença italiana.
[3]Louis Vauxcelles (1870-1943), pseudônimo de Louis Meyer.
[4]Albert Marque (1872-1939), escultor à maneira de Clodion.
[5]A designação *fauve*, inicialmente pejorativa, passa a designar um grupo e um movimento, o fauvismo, cujos pintores se caracterizam pelo uso de formas planas de contorno pouco elaborado e de cores puras, sem claro-escuro. (*N. da T.*)
[6]Florent Fels, *Le roman de l'art vivant* [O romance da arte viva], Arthème Fayard, 1959.

Inicialmente desconcertado, e depois conquistado pelos inovadores da jovem pintura, Leo Stein compra um Matisse por 500 francos, exatamente antes do fechamento do Salão. Alguns dias mais tarde, a *Femme au chapeau*[7] ornamenta a parede do ateliê da rue de Fleurus, entre os Cézanne, Gauguin, Renoir, Toulouse-Lautrec, Maurice Denis e um pequeno Manet.

Por intermédio de Henri-Pierre Roché,[8] muito familiarizado com o *tout-Paris* das artes, Gertrude e o irmão conhecem Pablo Picasso no outono de 1905. Gertrude e Pablo tornam-se amigos. Ao tentar definir juntos as bases de sua arte, têm a mesma predileção pelos pintores novos, e idêntica ferocidade em seus julgamentos. No decorrer de longas discussões, Gertrude se empenha em convencer Picasso de que têm a mesma conduta: "Pablo faz retratos abstratos com pintura. Eu tento fazer retratos abstratos com o que é meu meio de expressão, as palavras."

Tornam-se verdadeiros cúmplices, e o conhecimento aproximado que têm do francês provoca disputas oratórias cômicas. Picasso, muito interessado pela personalidade de sua nova amiga, decide fazer seu retrato.

Todos os dias, Gertrude vai a Montmartre para posar em seu ateliê do Bateau-Lavoir, número 13 da rue Ravignan. Mantém a pose numa cadeira capenga, cercada de grandes telas datando do período dos saltimbancos. Fernande Olivier[9]

---

[7]Leo Stein (1872-1947) compra a *Femme au chapeau* [Mulher com chapéu] depois de ter inutilmente regateado o preço, pois Matisse se recusa a qualquer negociação. A *Femme au chapeau* (1905), óleo sobre tela, 80,6 x 59,5 cm. San Francisco Museum of Modern Art, doação de Elise S. Hass.

[8]Henri-Pierre Roché (1874-1959), autor de *Jules e Jim* (1953) e de *As duas inglesas e o continente* (1956).

[9]Fernande Olivier (1881-1966), primeira companheira de Picasso (de janeiro de 1904 a agosto de 1911).

a distrai, lendo-lhe os contos de La Fontaine. Quanto a Picasso, sentado na ponta de uma cadeira de cozinha, o nariz colado à tela, segurando uma pequena palheta coberta de cinza-marrom, inicia a primeira das oitenta sessões que exigirá de Gertrude para concluir o retrato. Ela passa em Montmartre quase todas as tardes, e volta para casa a pé, flanando pelas ruas de Paris, acompanhada do cão Basket. No sábado, Picasso a reconduz; nessa noite, na rue de Fleurus, a porta fica aberta aos artistas.

Durante o inverno de 1906, Gertrude apresenta Picasso a Matisse. Este, mais velho, frio, sério por detrás dos grossos óculos, não partilha as idéias do espanhol que nunca deixará de caçoar dele. E, em tom de brincadeira, batizam-se de "Pólo Norte" e "Pólo Sul" quando falam de si mesmos.

A casa de Gertrude, além dos amigos pintores, será em breve freqüentada por seus jovens compatriotas editores e escritores, atraídos pela Paris do *roaring twenties*, para eles, a capital da emancipação das artes e da liberdade de expressão. Um câmbio vantajoso (um dólar vale 55 francos), viagens transatlânticas especiais a preços reduzidos a bordo de navios da French Line, ausência de proibição que permite aos mais etílicos consumir imoderadamente cerveja, uísque, gim e burbom, são os privilégios oferecidos aos ianques depois da Grande Guerra.

Ao adotar Montparnasse, esses recém-chegados não escolhem mais o *Beautiful Paris*. O bairro não é nem especificamente parisiense, nem eminentemente pitoresco: arquitetura anônima; pequenos imóveis provincianos de dois andares miseráveis; estábulos transformados em ateliês no fundo de becos lamacentos, e a contínua passagem de lamentáveis rebanhos de carneiros, bois, bezerros e cavalos destinados aos matadouros de Vaugirard. Os monumentos ali são raros, com exceção, na periferia dos bairros, da fonte das *Quatre Parties du monde*, de Carpeaux, da estátua do *Maréchal Ney*, de Rude — ambas no cruzamento do Observatoire —, e a redução do *Lion* de Belfort, de Bartholdi atravancam o centro da praça Denfert-Rochereau. Quanto ao *Balzac* de Rodin, erigido em 1939 no alto do boulevard Raspail, seu lugar não foi escolhido senão depois de muitos adiamentos.

Montparnasse constitui então para os jovens escritores uma lenda viva à qual associam a lembrança dos poetas desaparecidos, dos pintores vindos do frio, da boêmia altruísta e dos marginais de toda espécie. Para eles, Montparnasse é muito mais que Montparnasse, seu charme tem *una cosa mentale*, sua história é um mito.

O fim do século XIX anunciava os últimos anos da idade de ouro de Montmartre. Como não se procurava mais fortuna em torno do Chat Noir, e como a lanterna do teatro de sombras estava apagada, o espírito de Montparnasse tinha apenas de soprar em outra parte. Aristide Bruant deixava a Butte[10] para cultivar seu jardim de Courtenay (Loiret); Maurice Donnay oferecia o capricho de sua verve na comédia de bulevar; Xanrof via com saudade Yvette Guilbert trocar o fiacre pelo táxi; Alphonse Allais, mestre da *blague*, juntava-se a Tristan Bernard, e Charles Cros sabia que contava com inúmeros descendentes para perpetuar a poesia do absurdo. Os Caran d'Ache, Chéret, Steinlen, Willette desco-

---

[10]*Butte*, que significa colina, é empregado para indicar de modo absoluto o bairro de Montmartre (*Butte Montmartre*). (*N. da T.*)

briam a cromolitografia para ilustrar novas revistas e cobrir de cartazes multicoloridos os muros de Paris.

Residência das Musas na Grécia antiga, aquele *mont Parnasse*, monte Parnaso, se torna para eles o Olimpo, um ponto de encontro internacional dos poetas, escritores, pintores e suas excêntricas inspiradoras, onde vão recriar o microcosmo montmartrense que abandonaram.

2

A nova geração de além-Atlântico redescobre um lugar que fora freqüentado durante os dois últimos séculos por artistas ilustres. Pintores famosos: Hyacinthe Rigaud, Dominique Ingres; escritores célebres: Chateaubriand, Hugo, Stendhal, Balzac, Baudelaire, Verlaine e Rimbaud, para citar apenas esses, apreciaram aqueles espaços agrestes onde ainda prosperavam fazendas em meio a campos de trigo e de alfafa.

François Bullier, ex-acendedor de lampiões da Grande Chaumière, se apropria, em 1847, do baile de Chartreux, que ocupava um antigo seminário, situado na esquina dos boulevards Saint-Michel e Port-Royal. A nova atração reativa o bairro um tanto adormecido. O baile Bullier fica tão na moda que logo concorre com o Mabille dos Champs-Elysées e o Tivoli de Saint-Lazare.[1] Os parisienses vão até lá para sacudir o esqueleto, mas, sobretudo, para espiar a Reine Pomaré e Céleste Mogador, célebres cortesãs, dançar a mazurca e o scottish. Vítima do entusiasmo pelo Bullier, o baile da Grande

---

[1] Os dois bailes parisienses mais freqüentados da época.

Chaumière, apesar de célebre desde 1838 por ter importado a polca e criado o escandaloso cancã, periclita e fecha as portas.

Comparada ao baile Bullier, a Closerie des Lilas, antigo posto de muda na estrada de Fontainebleau, transformada em taberna, famosa pela varanda florida com tirsos malva e branco, termo dos passeios dos românticos, conservará, até os dias de hoje, a tradição dos encontros literários.

Os memorialistas do bairro gostam de lembrar dois acidentes espetaculares que, na época, renderam matéria para as crônicas dos jornais. O primeiro, na Gare Montparnasse onde, a 22 de outubro de 1895, por volta das 16 horas, locomotiva e tênder do Granville-Paris, ignorando os pára-choques, foram bater na calçada da rue de Rennes diante dos atônitos fregueses dos cafés Versailles e Lavenue; o segundo quando, a 12 de maio de 1912, o *Pax*, dirigível de Saveno e Saclet, rivais de Santos Dummont, se esborracha na altura do número 79 da avenue du Maine, matando os dois aeronautas.

Esse bairro ainda rústico, no qual apenas os candeeiros dos dois grandes cafés da place de Rennes rasgam a escuridão da noite, vai conhecer uma verdadeira reviravolta causada pela abertura e imediato sucesso dos cafés e das cervejarias.

Em 1911, um certo Victor Libion compra um pequeno botequim na esquina dos boulevards Raspail e Montparnasse, abre as portas de La Rotonde com grill-room, dancing, boate. "O Anjo da Guarda desse Paraíso" — assim o representa o desenhista Henri Broca num anúncio publicitário — acolhe com benevolência não apenas os pintores dissidentes de Montmartre: Modigliani, Picasso, Van Dongen — com exceção de Georges Braque, fiel a Montmartre e a seu ateliê na place Dancourt —, mas também os poetas Cendrars, Salmon,

Fargue, bem como uma fauna de artistas eslavos, sul-americanos, escandinavos, misturados a modelos, gigolôs, traficantes de éter — muito na moda já em 1912 — e de cocaína. Num vaivém incessante, tagarelice e mexericos só se exprimem em idiomas absconsos. "Antigamente" — recorda-se Jean Follain —, "o guarda-chuva de Lênin escorria no café La Rotonde; Lênin, que amava sua velha mãe, e que, cheio de paixão e perspicácia, emigraria para a Suíça tagarela antes de fazer sua revolução e acabar como ícone embalsamado."[2]

Com uma fama que ultrapassa as fronteiras de Montparnasse, La Rotonde conhece popularidade internacional. Celebram-se sua varanda ensolarada, seu anticonformismo, sua clientela atípica, sua ausência de tabus. Em Hollywood, é tão famosa quanto a Torre Eiffel. Os atores americanos mais ilustres na época, Charlie Chaplin, Douglas Fairbanks e Mary Pickford, escolhem-na para anunciar, a 19 de setembro de 1921, a criação da companhia de produção "United Artists".[3] Por ocasião da turnê de coletivas à imprensa européia, a chegada deles à Rotonde provoca o aparecimento de uma multidão tumultuosa vinda para festejá-los, admirá-los e aplaudi-los. Igualmente invadido por artistas, Le Dôme, que fica defronte, no número 108, antigo boteco aberto em 1897 na esquina do boulevard e da rue Delambre, recuperado e renovado por um tal de Paul Chambon em 1903, é também predestinado a uma grande notoriedade. Para André Warnod,[4] Le Dôme

---

[2]Jean Follain (1903-1971), *Paris, présenté par Gil Jouanard* [Paris, apresentada por Gil Jouanard], Éditions Phébus.
[3]United Artists: companhia de distribuição de filmes fundada por Charlie Chaplin, David Wark Griffith, Mary Pickford, Douglas Fairbanks, com o objetivo de escapar do controle artístico das grandes companhias.
[4]André Warnod (1885-1960), pintor, escritor, caricaturista de Montmartre e de Montparnasse, crítico de arte do *Figaro*.

"era ao mesmo tempo a casa comum, a praça pública, o albergue, o fórum, o gueto, o pátio dos milagres".

Um público cosmopolita e heterogêneo de pintores da Mitteleuropa, da Rússia, da Alemanha, migrado do La Ruche,[5] ali passa as noites e lê a correspondência, porque o café também fazia as vezes de posta-restante.

A chegada de Jules Pascin ao Dôme, proveniente de Munique pelo Oriente Expresso a 25 de dezembro de 1905, é festejada por todos os pintores da Europa central em Paris. Célebre por seus ferozes desenhos do *Simplicissimus*, jornal satírico alemão ilustrado e reputado por sua implacável hostilidade ao clericalismo, ao militarismo e aos homens de autoridade.

Entre Montparnasse e Montmartre, Pascin, notívago fastuoso, vai viver sua curta vida parisiense num ritmo infernal. Pródigo, ele alimenta e se cerca de um bando de modelos e de boêmios famélicos. A voluptuosa nostalgia de sua obra é uma característica dos pintores judeus de Montparnasse.

A criação do Select em 1925, a de La Coupole, inaugurada com grande pompa a 20 de dezembro de 1927, na presença do *tout-Paris*, atrairão para o boulevard Montparnasse uma multidão de curiosos e de *flâneurs*. Uma clientela simplória e descuidada de indigentes e de falsos artistas invadirá as varandas dos cafés e das cervejarias, provocando às vezes no espírito de alguns uma confusão deplorável entre os encontros de artistas de talento e as aglomerações de farristas turbulentos durante os anos loucos. Estes se alvoroçavam em torno do cruzamento Vavin, ponto nevrálgico incontornável, no sentido estrito da palavra, e umbigo de Montparnasse.

---

[5]La Ruche, antigo pavilhão dos vinhos da Exposição universal de 1900, foi reformado, na rue Dantzig, pelo escultor Alfred Boucher, para oferecer cama e ateliê aos artistas sem recursos.

Os cafés tornaram-se pontos de encontro: artistas, estudantes, ricos americanos ociosos desembarcados em Paris. Pintores, escritores, mas também turistas estrangeiros de condição mais modesta vivem à larga na capital com o câmbio do dólar tão vantajoso.

Os americanos, em sua maioria, ignoram nossa língua. Eles representam uma interessante clientela cativa para médicos, dentistas, agentes de câmbio, banqueiros, advogados, agentes imobiliários, também eles recentemente desembarcados de além-Atlântico, que oferecem seus serviços a fim de ajudarem seus compatriotas.

Quanto aos escritores, eles têm apenas de atravessar o Luxembourg para chegar à rue de l'Odéon onde as livrarias de duas jovens mulheres inglesas, apaixonadas por literatura, são o ponto de convergência incontestável do mundo das letras anglo-saxônicas. São a antena literária de todos os escritores e leitores franceses e anglo-americanos de Montparnasse.

"A melhor, a mais completa, a mais moderna das livrarias e bibliotecas de empréstimo anglo-americana que Paris possui é a Shakespeare and Company, número 12 da rue de l'Odéon, à frente da qual está Miss Sylvia Beach..." Em 1920, Valery Larbaud indica aos leitores de um artigo sobre o "Renascimento da poesia americana" a livraria que reúne a elite dos jovens escritores ingleses, irlandeses e americanos que moram em Paris ou ali se encontram de passagem. Sylvia Beach introduziu Larbaud a Joyce e sua obra. Poeta, romancista, viajante à semelhança de seu herói Barnabooth, especialista em literatura anglo-saxônica, Larbaud decidirá, em dezembro de 1921, apresentar o autor de *Ulisses* ao público francês, como mostraremos adiante.

3

"Nunca ir a Montparnasse", afixa Max Jacob na parede de seu quartinho obscuro no número 7 da rue Ravignan em Montmartre. O futuro recluso de Saint-Benoît-sur-Loire considera que o Diabo e o bom Deus não podem conviver bem naquela torre de Babel moderna. Porém, naquele 16 de agosto de 1916, ao meio-dia, ele vai infringir seu juramento: é convidado a Montparnasse para jantar no restaurante Chez Baty,[1] na companhia de Picasso, Henri-Pierre Roché e Marie Vassilieff.[2]

O tempo está bom e quente. Um grupo alegre — Kisling à frente, seguido de Salmon, Modigliani, Ortiz de Zárate — se junta a eles; vão tomar café na varanda do La Rotonde, célebre por ser ensolarada.

Jean Cocteau chega, por sua vez, munido de um aparelho fotográfico que pedira emprestado à mãe. Nesse dia, vai tirar, entre as 12 e as 16 horas, uma série de 19 clichês. Esses

---

[1] Chez Baty, restaurante famoso por sua adega, na esquina dos boulevards Montparnasse e Raspail. Apollinaire afirmava que o senhor Baty era o último verdadeiro comerciante de vinho da capital.
[2] Marie Vassilieff (1894-1957), pintora, escultora, decoradora.

documentos excepcionais reproduzem os rostos ainda juvenis dos dissidentes da Montmartre falsificada, abandonada desde então em troca daquele monte Parnaso, colina inspirada pelos discípulos de um neo-renascimento das artes. Esse testemunho histórico de um Jean Cocteau de 27 anos, com a curiosidade permanentemente em alerta, vem também contradizer o piedoso voto de Max Jacob. "The quarter" — assim a colônia americana de Paris passa a chamar Montparnasse — reúne, em 1924, quase 250 escritores, poetas, diretores de revista, editores anglo-americanos. Muitos jovens desmobilizados, seriamente decididos a escapar de uma América emparedada num puritanismo austero, tornado mais virulento pela proibição ("nada além de negócios a negociar", diz Al Capone), desejam se libertar das coerções morais, sociais, filosóficas e sexuais. A veneração que manifestam pelos dois gigantes das letras, Proust e Joyce, não é sem dúvida estranha ao desejo de virem, por sua vez, respirar os ares de Paris. Virgil Thomson,[3] compositor americano, amigo de Gertrude Stein, que permaneceu na capital de 1925 a 1940, escreveu a respeito: "Em Paris, é maravilhoso encontrar-se num lugar mágico, num momento propício à magia [...]. Entre as duas guerras, Paris era o centro da literatura, das letras inglesas e americanas."

As literaturas anglo-saxônica e francesa da primeira metade do século XX foram estimuladas em Paris por duas senhoritas cujas livrarias gêmeas da rue de l'Odéon ocuparam

---

[3]Virgil Thomson (1896-1989), compositor e crítico musical do *New York Herald Tribune*, aluno de Nadia Boulanger, autor das óperas *Four Saints in Acts* [Quatro Santos em Atos] (1934) e *The Mother of All Us* [A mãe de todos nós] (1947) cujos libretos são assinados por Gertrude Stein.

os mais inovadores postos avançados das letras. Uma, Sylvia Beach, é americana, e seu pai, pastor; a outra, Adrienne, é filha de um empregado dos Correios. Nada parece harmonizá-las; o amor pelas letras as unirá para sempre.

Nascida a 26 de abril de 1882, Adrienne Monnier é parisiense com raízes saboianas e jurassianas. Sylvia, embora tendo sido batizada como Nancy, veio à luz em Baltimore (Maryland), a 14 de março de 1887. É a mais nova de uma família de três filhas. O pai, Sylvester W. Beach, vem a Paris em 1902 para dirigir os *Students' Atelier Reunions*, um clube para estudantes americanos no qual colaboram a cantora Mary Garden (criadora de *Peleas e Melisande*), o ilustre violoncelista Pablo Casals e Loïe Fuller, a dançarina dos véus. A família Beach se instala na capital, lá permanece três anos e retorna aos Estados Unidos, Princeton (Nova Jersey), para onde Sylvester W. Beach é transferido graças às suas excelentes relações com Thomas Woodrow Wilson, presidente da universidade da cidade, que será eleito presidente dos Estados Unidos em 1912, sete anos depois.

Sylvia tem agora 18 anos; fala francês, italiano e espanhol; viaja pela Europa; realiza estágio como assistente junto a um professor de inglês; pretende tornar-se tradutora; vai a Nova York para encontrar Ben W. Huebsch — que será o editor americano de James Joyce — para pedir sua opinião a respeito da escolha de uma carreira. Surpreendente premonição para a futura editora de *Ulisses*.

Durante a Grande Guerra, Sylvia se engaja como voluntária agrícola e participa das colheitas e das vindimas na Touraine. Em seguida, realiza missões para a Cruz Vermelha, porém nem a dedicação a causas magnânimas nem as profissões oferecidas às jovens mulheres na época respondem aos seus desejos. Ela parece mais inclinada a um apostolado do que a um ofício. Falta-lhe descobrir uma vocação. Essa jovem mulher frágil, muito enérgica apesar de uma infância doentia, não pôde ter uma escolaridade normal. Em compensação, sua voracidade pela leitura deu origem a uma cultura considerável, inteiramente centrada na paixão pelos escritores anglo-saxões.

Em 1916, deixa a Touraine e sobe a Paris para estudar poesia francesa. Ao consultar na Biblioteca Nacional *Vers et Prose*, revista dirigida por Paul Fort,[4] ela anota o endereço do depositário. A 5 de dezembro, vai ao número 7 da rue de l'Odéon, onde a revista está à venda na livraria La Maison des Amis des Livres [Casa dos Amigos dos Livros], mantida pela jovem Adrienne Monnier. Esta tem apenas 24 anos e abriu sua livraria no ano anterior. Jules Romains proclama que ela entrou na literatura como se entra para as ordens. Soube rapidamente atrair os jovens escritores e poetas; eles têm entre 18 e 30 anos, chamam-se Aragon, Breton, Cendrars, Reverdy, Soupault e Cocteau sobre quem a brincalhona Adrienne Monnier dizia: "Ele nunca é o primeiro a atacar, mas é sempre ele quem planta a bandeira." Ávidos de trocas e de encontros, ali estão em contato com gente de letras conhecida: Guillaume Apollinaire, Colette, André Gide, Paul Valéry, Georges Duhamel, Jules Romains, Leon-Paul Fargue, Valery Larbaud... todos, devotos de sua livraria, encorajam-na em seu empreendimento.

---

[4]Paul Fort (1872-1960) funda em 1890 o *Théâtre d'Art*. Animador das reuniões de La Closerie des Lilas, ele renova a forma e o espírito da balada. Publicou uma série monumental de quarenta volumes de *Ballades françaises* [Baladas francesas] (1922-1951). *Vers et Prose* parou de circular em 1914.

Adrienne Monnier criou uma biblioteca de empréstimo de obras clássicas e de poesia de vanguarda sem igual em Paris. Sua atividade não se limita apenas à venda ou ao empréstimo de livros: ela organiza também sessões de leitura em que os autores apresentam suas obras novas; acolhe e apóia jovens revistas com freqüência moribundas: *Nord-Sud*, de Pierre Reverdy, *Intentions*, de Pierre André-May, *Sic (Sons Idées Couleurs)*, de Pierre Albert-Birot; edita e difunde uma pequena coleção, *Les Cahiers des amis des livres* [Cadernos dos amigos dos livros] na qual publica textos lidos em sua livraria. Lugar privilegiado, confluência de autores e de leitores, sua oficina é a casa do bom Deus das letras.

Ao empurrar a porta de La Maison des Amis des Livres, pequena e tímida, Sylvia se encontra em presença de uma Adrienne de formas arredondadas e cheias, que deixa transparecer a hedonista gulosa, de faces rosadas, olhos azul-cinza, ar ingênuo que esconde certa malícia. Veste-se com longo vestido de lã cinza. Sua silhueta evoca *La Pourvoyeuse*, de Chardin. Não é raro encontrá-la com uma sacola de provisões de volta da feira da rue de Buci, confirmando a homologia com a personagem de uma das obras-primas do museu do Louvre. Adrienne gosta da boa mesa e não o esconde: "Simplesmente sou como tantas outras, uma mulher que gosta muito de comer e que não cozinha muito mal."

Fecha-se na cozinha contígua à livraria, zelosa de suas receitas das quais mantém segredo para surpreender os familiares, regalá-los, aconselhá-los.

"Não se deve ignorar nada sobre os queijos, deve-se aprender a saborear os vinhos. Não é porque os molhos são difíceis de digerir e engordam, que se tem de evitá-los. Um molho bem-feito é sem dúvida a mais alta expressão da arte culinária. Deve-se comê-los de vez em quando, com aplicação e recolhimento, como se lê um poema."[5]

Poesia e gastronomia são, para aqueles privilegiados, os dois sustentos de La Maison des Amis des Livres.

"Adrienne Monnier" — escreve Pascal Pia — "teria sido uma espécie de boa anfitriã, mãe hospedeira como antigamente havia para aqueles que realizavam a 'volta da França' em suas especialidades para obterem o grau de mestre." Quanto à livraria, o leitor culto sabia que "em sua casa, nenhuma obra essencial, nenhum bom livro contemporâneo faltaria".[6]

A razão social da livraria de Adrianne Monnier é claríssima: os que entram no número 7 da rue de l'Odéon não se encontram numa loja qualquer; ninguém entra nela como cliente, mas como fervoroso amigo dos livros e da boa culinária.

---

[5]Adrienne Monnier, *Dernières gazettes* [Últimas gazetas], Mercure de France.
[6]Pascal Pia (1903-1979), *Feuilletons littéraires* [Folhetins literários], Fayard, 1999.

4

"Essa jovem americana tinha uma aparência original e das mais sedutoras. Falava francês correntemente com um sotaque mais inglês do que americano, o que na verdade não era exatamente um sotaque, mas antes um modo enérgico e incisivo de pronunciar as palavras: ao ouvi-la, pensava-se mais numa raça do que num país, no caráter de uma raça."[1]

É a impressão que Adrienne tem de Sylvia quando de sua primeira visita à rue de l'Odéon. Naquele dia, ao empurrar a porta da livraria, o grande chapéu mexicano de Sylvia, soprado pelo vento, voa de repente e rola pela rua. Adrienne, apesar do longo vestido que lhe entrava os passos, corre para pegá-lo. O incidente termina numa risada louca que as dispensa das civilidades habituais. Gosto da América, diz Adrienne, e eu gosto da França, responde-lhe Sylvia. Não é preciso mais nada para que nasça entre elas uma simpatia mútua que vai se transformar na ligação para cultivar outras afinidades.

---

[1] Adrienne Monnier, *Rue de l'Odéon. Mémoires d'une libraire et de sa librairie* [Rue de l'Odéon. Memórias de uma livreira e de sua livraria], 1960 e 1989.

Leitora fiel, Sylvia volta com freqüência à rue de l'Odéon. Ela assiste às sessões de leitura de Valéry, Gide, Claudel, Schlumberger, Fargue, Larbaud, Jules Romains, todos familiares de La Maison des Amis des Livres.

A 15 de março de 1917, dia em que completa 30 anos, Adrienne lhe entrega o cartão de sócia dos "Amigos dos Livros"; um presente de aniversário de uma importância rica em significado para o futuro da jovem americana.

No momento em que a guerra devasta a Europa, seu pai, extremamente francófilo, escreve-lhe o quanto se sente triste por não ter nenhum filho homem para lutar e "morrer pela liberdade". Para abrandar o desespero patriótico do pai, Sylvia parte para a Sérvia a fim de se pôr à disposição da Cruz Vermelha, retorna e passa por Londres com o intuito de abrir uma livraria para ali promover a literatura francesa. Dissuadem-na de se lançar em tal empreendimento: no momento, o mercado de livro francês é irrisório na Grã-Bretanha.

"Por que não abrir uma livraria inglesa em Paris?" — sugere-lhe Adrienne Monnier. Comenta-se que uma loja, com um pequeno apartamento no sobrado, encontra-se disponível no número 8 da rue Dupuytren. Nessa curta via em ladeira, próxima da faculdade de medicina, onde só cabe uma dezena de números, Adrienne e Sylvia vão inspecionar a loja. A antiga lavanderia ainda conserva de cada lado da porta as palavras "pesado" e "fino", indicando que o estabelecimento se encarregava da lavagem de lençóis e de *lingerie* fina. Adrienne, um pouco forte, colocou-se, não sem humor, sob a palavra "pesado", deixando Sylvia se postar sob a palavra "fino": fazem um par. Pressionada por Adrienne, Sylvia decide alugar a pequena loja. O negocio é rapidamente discutido e fechado.

A conselho dos amigos Wright e Worthing, antiquários de La Lampe d'Aladin, da rue des Saints-Pères, e com a ajuda financeira de Mrs Beach, sua mãe, Sylvia executa algumas reformas. Forra as paredes com tela de juta para esconder as marcas de umidade, manda um carpinteiro instalar prateleiras e vitrines e, por fim, passa uma demão de tinta dando um toque final à fachada. Chega a vez do pintor de letras escrever: Shakespeare and Company, a tabuleta da livraria, acima da porta da loja. Única livraria inglesa da margem esquerda, Shakespeare and Company atrai uma clientela de residentes e de viajantes anglófonos. Menos espaçosa, porém mais agradável que as concorrentes da margem direita, sua lojinha é logo freqüentada pelos estudantes e professores aos quais são concedidos bons descontos na compra dos livros. Hospitaleira, amável e alegre, Sylvia, com sua jaqueta bem justa de veludo escuro realçada por um colarinho Claudine branco, recebe também leitores amigos enviados por Adrienne.

Livros apertados nas prateleiras, fotografias de escritores célebres e venerados constituem uma decoração calorosa, propícia ao passeio pela literatura. Grandes clássicos de língua inglesa, obras de escritores novos de além-Atlântico e revistas recentes estão ao alcance da mão. Lugar atraente, passagem obrigatória dos amadores de edições raras, acessoriamente posta-restante para os sem-domicílio fixo ou para os migrantes, Shakespeare and Company, espécie de clube, é uma referência, um oásis cultural aonde vão abeberar-se os sedentos de literatura anglo-saxônica.

Os preparativos iniciados no mês de agosto são concluídos na entrada do inverno. Sylvia abre sua *bookseller's shop* a 19 de novembro de 1919 e adota o espírito e os métodos de La Maison des Amis des Livres para os leitores de língua inglesa.

Nesse dia, vêem-se nas vitrines obras de Shakespeare, o patrono — a reverência exige —, de Chaucer, de T. S. Eliot, de Joyce e, para agradar a Adrienne, *Três homens num barco*, de Jerome K. Jerome, uma narrativa de um humor irresistível cujo sucesso mundial permanece.[2]

A 15 de março seguinte, Sylvia vê, descendo a rue Dupuytren, uma senhora forte, usando um curioso vestido longo, tendo, como chapéu, uma espécie de compoteira carregada de frutas. Está acompanhada de uma mulher franzina, ataviada com um florido vestido de cigana. Essas senhoras, depois de terem dado uma olhada nas duas pequenas vitrines, empurram a porta da livraria. Sylvia reconhece Gertrude Stein, autora de *Três vidas*, do qual ela é leitora entusiasta. São recebidas com solicitude. Gertrude acha engraçado que se abra uma livraria anglo-saxônica em Paris, sem que lá se encontre — para grande confusão de Sylvia — as obras de John Fox Jr. e de Gene Stratton-Porter, romancistas populares sobre a vida florestal nos Estados Unidos (?). Contudo, de humor alegre, Miss Stein brinca e começa a contar histórias sem nunca terminá-las. Deixa para a amiga Alice B. Toklas[3] a tarefa de lhes dar uma conclusão. Formam certamente um casal estranho, a mulher machona e madura e o ser frágil com ar infantil.

Gertrude Stein subscreve uma assinatura para ela e outra para a governanta e amiga. "Gesto puramente amigável, pois ela só se interessa por seus próprios livros" — comenta Sylvia.

---

[2]Jerome K. Jerome (Jerome Klapka, 1859-1927), romancista, ator, jornalista. Seu livro *Três homens num barco* (1889) conquista sucesso mundial. É autor de muitas outras obras. [Tradução de Luisa Feijó. Lisboa: Edições Cotovia, 2004.] (*N. da T.*)
[3]Alice B. Toklas (1877-1967), "esposa" devotada e confidente de Gertrude Stein. Autora do *Livro de cozinha de Alice Toklas*. [Tradução de Helena Londres. São Paulo: Companhia das Letras, 1996.]

São as primeiras inscrições na biblioteca de empréstimos da Shakespeare and Company. Para Sylvia, esse gesto parece mesmo prever o futuro. Gertrude recomenda a livraria a seus amigos e conhecidos.

A partir daí, as três mulheres manterão relações amigáveis. Sylvia, como os Hemingway, participará de passeios turístico-gastronômicos a bordo do Godiva,[4] o automóvel Ford, modelo Touring "T", adquirido em 1916 para realizar missões humanitárias no front durante a guerra. Estranhamente, Gertrude se recusa a engatar marcha a ré, seguindo nesse aspecto a conduta do exército francês durante a guerra: não recuamos.

Alguns meses depois, Sylvia registrou uma centena de assinaturas — seus *Bunnies*,[5] como ela os chama — e logo recebe os primeiros leitores franceses, escritores ávidos por literatura: Valery Larbaud, que deserta da livraria anglo-americana Brentano's, principal espaço de deleite de sua juventude onde, ao abordar as belas americanas, não sonhava unicamente em fazê-las conhecer a literatura francesa contemporânea; André Gide, rosto ascético sob um chapéu Stetson de bordas largas, envolto numa ampla capa de lã verde, falando em tom de confidência; Léon-Paul Fargue, indolente, lunático — não lê uma só palavra em inglês —, mandado

---

[4] O Ford, entregue sem nenhum acessório, parece a Gertrude Stein tão nu quanto a lady Godiva que atravessou a cavalo a cidade de Coventry em roupas de Eva para obter a baixa dos impostos (Narrativa do cronista inglês Roger de Wendover, século XIII, The Grafton Press, Nova York).
[5] *Bunnies*, "coelhos" em inglês, aproxima-se foneticamente de "abonné", assinantes, em francês.

por Adrienne, sua confidente; Paul Valéry,[6] muito ocupado, saindo de uma sessão da Academia onde ocupa há pouco tempo a cadeira de Anatole France, e André Maurois, um dos primeiros a ter apresentado seus votos de prosperidade e sucesso para a livraria nova, levando um exemplar dos *Silêncios do Coronel Bramble*,[7] seu primeiro livro publicado por conta do autor sobre sua experiência como oficial de ligação junto ao exército inglês durante a Grande Guerra.

---

[6] A respeito de Paul Valéry, Paul Léautaud escreve: "A quem ele deve a celebridade? Ela começou nos fundos da loja da senhorita Monnier quando esta organizava sessões nas quais se liam versos. O leitor era o próprio André Gide. Tudo começou lá. (...) Valéry deve tudo a uma livreira." Paul Léautaud, *Journal littéraire* [Diário literário], tomo II, Mercure de France, 1986.

[7] André Maurois, pseudônimo que se tornou o nome legal de Émile Herzog (1885-1967). *Les silences du colonel Bramble*, seu primeiro romance publicado em 1917, foi reeditado pela Grasset em 1999. [*Os silêncios do coronel Bramble*. Tradução de Mário Quintana. Porto Alegre: Globo, 1944.] (*N. da T.*)

5

Vindo de Londres para Paris em 1921, o poeta Ezra Pound foi também um dos primeiros visitantes da Shakespeare and Company. Ele confidencia a Sylvia estar cheio da chuva e da umidade de além-Mancha; imperturbável, prediz, diante de Dorothy, sua esposa inglesa, que a ilha, por se afundar lentamente na água, fará com que os britânicos se descubram um dia com pés de pato. Vinte anos de sua vida se passaram em Londres onde ele exerceu a função de secretário-conselheiro de William Yeats[1], antes de divulgar a obra do compatriota T. S. Eliot[2], emigrado para a Grã-Bretanha.

Antes da Grande Guerra, Pound viveu em Paris. Sempre considerou a capital o centro da emancipação das artes. Nessa época, Apollinaire havia propagado o cubismo e imposto, apesar das preferências de um público algo conservador, os pintores Giorgio de Chirico e Robert Delaunav. Em Paris,

---

[1] William Butler Yeats (1865-1939), poeta, autor dramático irlandês, Prêmio Nobel 1923.
[2] Thomas Stearns Eliot (1888-1965), poeta, crítico, autor dramático, nascido nos Estados Unidos. Prêmio Nobel 1948.

melhor do que em Londres, a comunidade dos artistas representa para ele uma grande mistura que incentiva artistas estrangeiros. Esse entusiasmo continua no pós-guerra com a nova geração dominada por Picasso e Braque, Stravinsky e Satie, Arp e Brancusi, e tantos outros. "Surpreenda-me" — ordena Serge de Diaghilev a Jean Cocteau. Sua resposta será uma estonteante fantasia-balé, a célebre *Parade*, para a qual Cocteau obteve a colaboração dos amigos Pablo Picasso, Erik Satie e da Companhia de Balés Russos. A alegria barroca do divertimento atordoa e desconcerta o público. Um espectador diz à mulher, à saída da representação: "Se eu soubesse que era tão bobo, teria trazido as crianças."

No texto do programa, Guillaume Apollinaire emprega pela primeira vez a palavra "surrealismo" e tenta definir a extravagante comédia-balé como dança, música e pintura. Depois de ter visto Pavlova e Nijinski dançarem em Londres, Ezra Pound recupera em Paris a paixão pelos espetáculos do pré-guerra, animados desde então por Jean Cocteau que o honra com sua amizade.

Dada, um novo movimento, se impõe e varre um bocado de idéias preconcebidas: Dada, importado de Zurique para Paris por um inovador audacioso, Tristan Tzara,[3] que recentemente publicara texto de Ezra Pound. Interessado pelo espírito contestador da nova tendência, Pound acompanha atentamente a evolução das idéias revolucionárias daqueles jovens.

Instalado há pouco em Montparnasse, no número 70 *bis* da rue de Notre-Dame-des-Champs, Pound se empenha ati-

---

[3]Tristan Tzara (Samy Rosenstock, chamado de) (1896-1963), escritor francês de origem romena.

vamente em divulgar as obras de seus amigos escritores preferidos e conseguirá convencer James Joyce a vir instalar-se em Paris.

Ligando-se a Brancusi, Braque, Cocteau, Crevel, ele se apaixona igualmente pelos unanimistas[4] Jules Romains, Charles Vildrac, Georges Duhamel, de quem aprecia as *Notes sur la technique poétique* [Anotações sobre a técnica poética]; entusiasma-se pelos poetas simbolistas e provençais, pelas culturas medievais e pelos ideogramas chineses; pensa que a sabedoria dos clássicos reunidos na antologia de Confúcio pode salvar o Ocidente. Poeta singular, excêntrico, fascista e anti-semita fanático, visionário inclassificável, o autor dos *Cantos* mora quatro anos em Paris até decidir viver em Rapallo.

Pound conhece Hemingway em casa de Gertrude Stein. Ele convence Ford Madox Ford,[5] redator-chefe da *Transatlantic Review*, a contratar o jovem jornalista para secretário de redação. Pound vai provar ser um mediador eficiente não apenas para Hemingway, mas para muitos outros amigos escritores, pintores, escultores: "Ezra [é] o escritor mais generoso que conheci" — declara Hemingway.

Pound o convida, e à sua mulher Hadley, para tomar chá em seu ateliê. Os Hemingway vão, portanto, à rue Notre-Dame-des-Champs, a um ateliê tão nu quanto o de Gertrude Stein é atravancado. Os quadros de Picabia, dos quais Ezra Pound tem tanto orgulho, não lhes agrada inteiramente; em compensação, ficam encantados com as obras da esposa dele,

---

[4] Os unanimistas, adeptos da doutrina segundo a qual o escritor deve exprimir a vida unânime e coletiva, concebida por Jules Romains.
[5] Ford Madox Ford (1873-1939), pseudônimo de Ford Herman Hueffer. Crítico e editor americano, diretor da *Transatlantic Review* em Paris.

a bela Dorothy. Em silêncio, Hadley e Ernest Hemingway ouvem Pound com paciência. Sentado numa cadeira de papelão feita por ele mesmo, toma xícaras de chá delirando sobre sua obra, não pára de falar em suas manias preferidas, exibe erudição, evoca as literaturas antigas, suas traduções dos poetas provençais, e depois se indigna com a reação acerba dos simbolistas contra o naturalismo e o Parnaso. Imbuído demais de si mesmo e pouco simpático, pensa Hadley, enquanto Hemingway sentado aos pés de Pound escuta-o afetando um ar extasiado. Hemingway sai de lá atordoado, exasperado com as digressões intermináveis de Pound. Ele redige para *The Little Review* um artigo escarnecedor e cruel no qual zomba sem contemplação da auto-satisfação de Pound e ridiculariza seu estranho penteado. Desaconselham-no publicar esse retrato descortês. O poeta merece mais consideração.

Sem aprovar as afirmações do artigo, Lewis Galantiere[6] admite que a estranheza de Pound e seu tom categórico tenham desencorajado os Hemingway. Margaret Anderson e Jane Heap, redatoras-chefe de *The Little Review* em Paris, não teriam certamente aceitado um artigo dirigido contra um dos pilares da revista. Galantiere diz ter visto Hemingway rasgar o papel raivosamente. Ele guardaria desse equívoco o conselho de amigos próximos: o texto sobre um poeta não pode ser escrito como um simples artigo de imprensa. O incidente foi esquecido.

---

[6]Lewis Galantiere acolhe os Hemingway quando estes chegam a Paris em 1921, no hotel Jacob. Ele colaborou, entre outros, com Sylvia Beach para a sua livraria.

Se Hemingway fala pouco de literatura com os amigos, em compensação é eloqüente sobre pesca, natureza e esportes. Pound o convida para partidas de tênis e lhe pede aulas de boxe. Ter praticado esgrima deixa Ezra em desvantagem; ele não consegue bater com a mão esquerda, também não sabe pôr os pés em posição de combate, nem mandar um gancho de esquerda. Como Hemingway não ousa ser bruto com ele, Pound se queixa com a mulher de ser mimado por ele como uma peça de porcelana de Dresden. Diante da fragilidade dos assaltos do aluno, Hemingway não quer absolutamente humilhar ou ferir aquele que "sempre considerou uma espécie de santo".

Ao fim de algum tempo, Ezra faz progressos significativos. Agora enfrenta o *coach*. Hemingway, muito surpreso, escreve ao amigo Howell Jenkins:

"Passamos momentos danados de bons. Eu boxeio regularmente com Ezra Pound e agora ele é capaz de dar sopapos terríveis. Mas, em geral, posso me esquivar a tempo, e quando ele fica muito feroz eu o mando para a lona. É um sujeito corajoso e aprendeu a bater com força — um dia desses, vou me distrair, e ele vai me deixar nocaute. Ele pesa 180."[7]

Hemingway aí exagera um pouco as supostas qualidades de pugilista de Pound.

Quando conhece Hemingway, Pound tem apenas 36 anos; um pouco jovem para substituir um pai, mas com idade suficiente para agir como um irmão mais velho. Hadley tinha a certeza de que Pound exercera real influência sobre a obra de seu marido e se alegrava em vê-lo manifestar interesse

---

[7]*Lettres choisies* [Cartas escolhidas], tradução M. Arnaud, Gallimard, 1986.

particular pelo mais novo, intercedendo junto aos diretores de revista pela publicação de seus poemas. Pound aceitava a ascendência juvenil do jovem Hemingway e não hesitava em escrever a Scofield Thayer:

"Como você sabe, penso que o *Dial* deve impregnar-se eventualmente de um pouco de sangue novo, e Hemingway me parece uma possibilidade tão sólida quanto aparenta. Ele não está satisfeito com a apatia de algumas estrelas locais."

6

Na rue de l'Odéon, o locatário de uma loja de antiguidades decidiu liquidar o contrato de seu estabelecimento situado no número 12, quase defronte a La Maison des Amis des livres. Sylvia, cedendo à pressão de Adrienne, decide transferir-se com armas e bagagens para o novo local, mais amplo que o anterior. Shakespeare and Company dali em diante terá mais comodidade para receber autores e leitores.

A nova livraria é inaugurada a 29 de julho de 1921. O pequeno quarto-e-sala da sobreloja, incluído no contrato, não será ocupado por Sylvia, pois ela preferiu dali em diante morar no apartamento de Adrienne. As senhoritas não procurarão mais esconder a ligação que mantêm. Os fiéis de Adrienne só precisam atravessar a rua para mergulhar no universo *so british* do *charming drawing-room* de Sylvia.

De passagem, o cínico e engraçado Paul Léautaud descobre por sua vez Shakespeare and Company e anota em seu *Journal littéraire:*

"Desde alguns anos, existe na rue de l'Odéon uma livraria anglo-americana. Vou logo lá para perguntar se querem comprar meia dúzia de obras americanas. Depois de alguns comentários, a senhora da livraria pede meu nome e endereço. Eu os anoto numa ficha. Então: Como? M. Léautaud, do *Mercure*? Gostamos tanto do que o senhor escreve! E não somos as únicas. Eu pensei ao vê-lo: deve ser M. Léautaud... Em seguida, perguntas sobre meus animais, conhecimento do cão da casa, Teddy, um grifom escocês de pêlo duro, e a maior das amabilidades para tratar da venda de meus volumes, pelo preço real, quando eu só tinha pedido 50% do valor."[1]

Léautaud, como outros, não fica insensível ao encanto de Sylvia Beach. Seu sotaque, sua maneira engraçada de associar palavras num saboroso e insólito franglês, não deixa de seduzir o irreverente sarcástico de Fontenay-aux-Roses.

Todos esses exilados de Paris, escritores, poetas, editores anglo-americanos descobrem na Shakespeare and Company e no ateliê de Gertrude Stein focos de cultura, solicitude, escuta, efervescência literária, e ainda uma grande largueza de espírito, toda aquela generosidade cujos benefícios desconheciam no clima austero e puritano da pátria.

"Longe de minha terra natal — escreve Sylvia Beach — "[...] eu não imaginava, quando abri uma livraria em 1919, que a censura em vigor além-Atlântico no mundo editorial traria uma parte importante de sua clientela para a Shakespeare

---

[1]Paul Léautaud (1872-1956), *Journal Littéraire* (26 de dezembro de 1928), três tomos e um índice, Mercure de France, 1986.

and Company: todos os peregrinos dos anos 1920 que atravessaram o oceano instalaram-se em Paris e colonizaram a margem esquerda."[2]

A abertura da Shakespeare and Company é indicada nos meios literários dos Estados Unidos como um endereço a ser lembrado por aqueles que vêm a Paris. Sylvia Beach se surpreende ao ver aqueles americanos entrarem em sua livraria como fiéis num lugar de culto. Para além dos significativos privilégios oferecidos pela capital, a presença em Paris de artistas cosmopolitas mundialmente célebres — James Joyce, Ezra Pound, Pablo Picasso, Igor Stravinsky... — representa para os devotos da cultura uma poderosa atração.

Os primeiros a se destacar são o compositor George Antheil e uma jovem húngara, sua esposa, que ele conheceu em Berlim. O pai do jovem, proprietário de um estabelecimento, The Friendly Shoestore, em Trenton (Nova Jersey), não conseguiu convencer o filhote a se interessar pelos calçados para sucedê-lo. Aos 18 anos, George Antheil vai para a Filadélfia estudar música. Mrs Edward Bok, proprietária da grande revista *The Ladies' Home Journal*, fundadora da Academy of the Music e mecenas da Philadelphia Orchestra, vê nele um futuro virtuoso do piano.[3] Ela assume os estudos e o sustento do rapaz. Quando se torna um concertista internacionalmente reconhecido, ele decide, durante uma turnê pela Alemanha, abandonar a carreira de pianista para se dedicar à composição. Em Berlim, conhece Stravinsky, cuja influên-

---

[2] Sylvia Beach, *Shakespeare and Company*, traduzido do inglês por George Adam, Mercure de France, 1962.
[3] George Antheil (1900-1959), pianista e compositor.

cia será capital sobre suas futuras composições. Decepcionada por vê-lo desistir do piano, Mrs Bok anuncia-lhe da Filadélfia que lhe corta o sustento até o dia em que tiver a possibilidade de lhe provar que fez uma boa escolha.

George tem apenas 20 anos quando desembarca com a mulher na Shakespeare and Company: são crianças, constata Sylvia. Vivem pobremente das magras economias, restos das turnês de concertos. Sylvia, fada boa, socorreu-os, cedendo-lhes os dois cômodos situados acima de sua livraria, enquanto esperavam coisa melhor. Não é raro ver transeuntes da rue de l'Odéon petrificados ao verem um rapaz içando-se até o primeiro andar do prédio, apoiando-se na tabuleta da livraria para retornar à sua residência. O atrapalhado George Antheil esqueceu as chaves, e volta para casa pela janela.

Vivendo e compondo em Paris de 1920 a 1930, apoiado por Joyce, Pound, Satie, Picasso, considerado pela comunidade artística de Paris como o porta-voz musical das idéias modernistas, Antheil, o "menino vadio da música", compõe seu famoso *Ballet mécanique* ao piano posto à sua disposição no apartamento de Adrienne Monnier. Joyce, McAlmon, e as duas livreiras são convidados para a primeira audição tocada pelo compositor num Pleyela, piano mecânico de três rolos. Sua execução exige uma manipulação complicada e rápida que deixa o pobre Antheil extenuado.

Lady Ellerman, mãe da escritora Bryher (Winifred Ellerman, futura esposa de McAlmon), e Natalie Barney lhe oferecem o apoio financeiro necessário para concluir a partitura de seu balé. Mrs Bok, que voltara às boas, lhe envia um cheque para cobrir as despesas da representação, marcada para o Théâtre des Champs-Elysées.

Obra de referência para oito pianos, xilofones, sinos elétricos, piano mecânico e diferentes percussões, o *Ballet mécanique* abala as convenções tradicionais da música e escandaliza Paris a 19 de junho de 1926, na primeira audição. Naquela noite, no Théâtre des Champs-Elysées, não há mais ingressos. Na sala cheia, Ezra Pound assume a direção da claque formada pela turma em peso de McAlmon, pronta para garantir o triunfo de George Antheil. A família Joyce ocupa um camarote, T. S. Eliot, vindo de Londres, muito *smart*, está lá também, acompanhado da princesa Bassiano.[4]

Nota-se na multidão uma senhora vestida de preto, de muito bons modos, saudando a todos com um menear de cabeça. Alguns pensam que se trata de uma personalidade do *tout-Paris*. Ai! Adrienne se vira para Sylvia e murmura: "Mas é sua porteira!"

Desde os primeiros compassos a música é dominada pelos assobios. Os protestos levantam uma tempestade nas galerias e no balcão. A voz de Ezra Pound tenta impor a calma, enquanto nas poltronas da platéia chega-se às vias de fato.

A execução prossegue em meio à confusão geral. De repente, hélices de avião, instrumentos da partitura, começam a ronronar e provocam uma brisa suficientemente forte para fazer voar para o fundo da sala a peruca de um espectador, vizinho de Stuart Gilbert.[5] O ar refresca singularmente. As mulheres de vestidos de noite estremecem, e os homens levantam a gola dos smokings.

---

[4]Princesa Marguerite Caetani de Bassiano (1880-1963), mecenas de origem americana. Financiará *Commerce*, revista dirigida por Valéry, Fargue e Larbaud, e administrada por Adrienne Monnier.

[5]Stuart Gilbert, magistrado inglês aposentado, oferece graciosamente sua colaboração para a correção das provas de *Commerce*. Ele será um dos principais apoios de Adrienne Monnier para a tradução e edição francesa do *Ulisses* de James Joyce.

Em meio aos apupos, os intérpretes permanecem no palco. Indiferentes ao tumulto, continuam a manobrar máquinas e instrumentos. Se, naquela noite, a música do *Ballet* foi inaudível, o escândalo fez a alegria dos aficionados de Dada. Antheil,[6] novo foco dos holofotes, figura nas manchetes dos jornais. Pressionam-no, então, para que aproveite o acontecimento e se misture ainda mais no turbilhão do ambiente, mas ele desaparece.

Dizem que partiu para a África à procura de ritmos novos. Anos depois, quando volta definitivamente aos Estados Unidos, George Antheil desistirá de seguir o impulso vanguardista de sua juventude em troca de uma espécie de lirismo neo-romântico.

Em 1936, instalado em Hollywood, ele compõe música para cinema, buscando uma obra que envolva música sinfônica e de câmera. Sua ópera *Volpone* (1950) marcará o resultado da parte lírica de sua obra.

Quando morre em Nova York, em 1959, ainda não tem 60 anos. O mundo musical francês parece tê-lo um pouco esquecido.[7]

---

[6]Além do *Ballet mécanique*, George Antheil é autor de seis sinfonias, três óperas, dois balés, numerosas sonatas para violino e piano, melodias.

[7]Nos Estados Unidos, suas sonatas para piano foram gravadas por Guy Levingston em 2003.

7

Em 1921, quando o jovem poeta americano Robert McAlmon — Bob para os íntimos — desembarca com sua nova mulher, só conhece um endereço em Paris: Shakespeare and Company. Nascido em 1895, é o último dos sete filhos de um pastor presbiteriano do Midwest, de origem irlando-escocesa. Em Nova York, onde se instalou numa barcaça atracada ao sul da ponte do Brooklyn, ele exerce sucessivamente os ofícios de vendedor, repórter, redator-criador numa agência de publicidade. Jovem frio, sem emoções, posa nu numa academia de pintura por um dólar a hora. Bob passa por sedutor. Seus olhos azul-claros lhe conferem um charme enganador que fascina as mulheres e seduz os homens. A própria Sylvia fica subjugada. Com sua voz arrastada e nasalada, ele exprime idéias tão brilhantes quanto quiméricas. Perde tempo em conversas e escutando os amigos.

Em Montparnasse, McAlmon bebe como uma esponja no Dôme, no La Rotonde, e nos bares Dingo, Jockey, Strix, La Cigogne, Vikings, Kosmos e muitos outros, onde sua sedução e autoridade lhe conferem um prestígio de líder junto à sua pequena turma. Assim é que logo que adota um café ou um bar, os companheiros, pendurados nele, bandeiam-se também para lá, fazendo a fortuna do estabelecimento.

Casou-se recentemente com Bryher[1] — pseudônimo de Winifred Ellerman —, casamento de pura conveniência. Jovem inglesa, escritora e editora, ela é filha de sir John Ellerman, financista poderoso, uma das personalidades mais notáveis e mais ricas do reino de George V. Bryher adotou o nome de uma das pequenas ilhas Sorlingues onde passava as férias na infância. Pequenina, foi paparicada pelos pais, logo indefesos diante da adolescente de caráter e gostos singulares. Menina, detestava bonecas, anáguas, vestidos, fitas nos cabelos. Adolescente, sonhava com evasão marítima, acariciando o projeto de escapar de seu círculo para conquistar a liberdade. Bryher só tem uma idéia: emancipar-se da tutela familiar. Na *high society* inglesa austera e puritana, a ligação com Hilda Doolittle — amiga de toda a sua vida — não seria admitida. Um casamento pouparia a sir John e a lady Ellerman o opróbrio do *establishment* da City e de Buckingham.

Em Nova York, quando William Carlos Williams apresenta em um coquetel Robert McAlmon a Bryher e à sua inseparável amiga Hilda Doolittle (todos a chamam de H. D.), ele cultiva, então, as melhores relações com as duas moças, mas ignora que a jovem Bryher, morena de olhar severo e penetrante, é filha de John Ellerman, "o maior contribuinte da Inglaterra". McAlmon as distrai falando de sua vida lúdica de rapaz emancipado, cheia de projetos literários quiméricos. A idéia de se casar com ele germina no espírito de Bryher. Vê

---

[1]Bryher, pseudônimo de Winifred Ellerman (1894-1983), autora do romance *Beowulf*, prefaciado por Adrienne Monnier e traduzido por Hélène Malvan.

na união com aquele rapaz um compromisso ideal para tranqüilizar seus pais. Esse projeto diverte o diletante McAlmon; casamento que atende, é claro, às condições impostas pela "noiva": uma aliança puramente formal na qual cada um viverá sua vida. Elegante e altruísta, McAlmon aceita, assegurando a Bryher que cumprirá seu contrato. Só terá com o que se felicitar por sua decisão quando, estupefato, fica sabendo das origens familiares da jovem mulher.

Esse casamento branco apresenta algumas vantagens para ambos. Bryher se liberta da sujeição parental e de sua vida convencional na Inglaterra; para Bob, é a oportunidade de partir imediatamente para a Europa e enfim conhecer Joyce em Paris e ali viver graças à renda confortável garantida pela família de sua esposa.

A 14 de fevereiro de 1921, o dia seguinte ao encontro deles, o casamento civil se realiza na intimidade. Os pais de Bryher, postos diante do fato consumado, encontram-se com os esposos para um jantar no hotel Brevoort do qual participam H. D., os Williams, a irmã de McAlmon. Sir e lady Ellerman sentem muita simpatia por aquele genro inesperado, tão resoluto e intrépido.

O casal não perde tempo com regozijos pós-conjugais e logo no dia seguinte embarca com H. D. para a Europa a bordo do *Celtic*, navio da White Star Company.

A suíte nupcial foi reservada por sir John para a filha e o genro. Os pais de Bryher estão tranqüilos; tudo parece ir muito bem, no melhor dos mundos.

Ao chegar a Paris, Robert McAlmon corre, com Bryher, para a livraria Shakespeare and Company. Sylvia Beach lhes reservou quartos no hotel Foyot, número 22 *bis* da rue de Vaugirard, na esquina da rue de Tournon — fechado em

1936 —, conhecido em Paris por seu restaurante. Foyot era famoso pelo molho bearnês que leva seu nome. Numerosos são os anglo-americanos que freqüentam o estabelecimento: George Moore, T. S. Eliot, Jinny Pfeiffer (irmã da segunda esposa de Hemingway), os Murphy...

Sylvia se perguntava havia tempos se um dia chegaria a conhecer Bryher, a jovem mulher que usava o tão bonito nome de uma ilhota da Mancha. Ela vê esse dia chegar em sua livraria: "Uma jovem inglesa tímida, vestindo um costume-tailleur e usando um chapéu com duas fitas flutuantes que me fizeram pensar num gorro de marinheiro; eu não conseguia afastar meu olhar de seus olhos: tão azuis, mais azuis do que o mar ou o céu ou mesmo a gruta azul de Capri. A expressão deles era ainda mais bonita, e eu continuo maravilhada com eles."[2] Enquanto Sylvia e Bob se lançam numa longa conversa, Bryher, pouco falante, contenta-se em observar, examinar as prateleiras de livros, prendendo-se aos mínimos detalhes, como em seu romance *Beowulf*, quando ela descreve a casa de chá.

A fim de resguardar sua vida privada na Suíça com a amiga H. D., toda a correspondência de Bryher passará pela livraria de Sylvia, fazendo sir e lady Ellerman suporem que a filha vive em Paris com o marido.

Sylvia só terá com que se felicitar pela lealdade e fidelidade de Bryher, sua solicitude, seu apoio financeiro nos períodos de vacas magras atravessados pela Shakespeare and Company.

Robert McAlmon, agora à vontade, leva uma grande vida em Paris. Uma vida social dissoluta que não se coaduna com seus projetos literários. Sem aptidão para viver sozinho, ele

---

[2]Sylvia Beach, *Shakespeare and Company*, op. cit.

se atordoa na maioria das vezes com seu bando de companheiros, sem conseguir libertar-se da tirania deles. Ele tenta se afastar? Um amigo descobre seu esconderijo, é dado o rebate, e a turma aparece. Sylvia Beach se entristece por ver aquele rapaz, para quem predizia sucessos estrondosos, não concretizar nenhum projeto. Aquele que Ernest Walsh, fundador da revista *This Quarter*,[3] citava, com bajulação, como "nosso escritor mais honesto e autêntico americano, o único homem que pode seriamente competir com Joseph Conrad e James Joyce", não parece corresponder às esperanças nele depositadas.

Todos os que o conheceram quando de sua chegada à França estão preocupados com seu naufrágio no alcoolismo, seu pessimismo e uma espécie de amargor existencial.

Ezra Pound, sempre benevolente, escreve a um de seus amigos: "O que é que há de errado com McAlmon? O garoto banca o bobo ou o quê? É uma pena que alguns de seus melhores textos não tenham sido publicados senão de modo quase privado. Espero que ele não tenha ficado completamente doido."

Joyce, também apreensivo, pede a Bob que vá a sua casa para ler os textos que este acabara de concluir, intitulados de modo malicioso: *Being Geniuses Together*. Joyce se declara divertido, mas, em particular, fala de sua decepção. McAlmon ficou sabendo depois que, reservadamente, o irlandês considerava seus textos muito medíocres. Para ele, aquele manuscrito era apenas um tecido de mexericos, uma "vingança de empregado de escritório".

---

[3]A revista *This Quarter* foi fundada em 1925, patrocinada por Ezra Pound. Hemingway homenageou o patrocinador no nº 1.

Supostamente para narrar sua vida de exilado com seus amigos durante os anos de juventude em Montparnasse, esse *Being Geniuses Together*, cujo manuscrito foi reencontrado tardiamente, será publicado em 1938 na Grã-Bretanha. Ao texto revisado, foi acrescentado posfácio de Kay Boyle.

Robert McAlmon mostra-se fantasista, nervoso e arrogante, embora sempre pronto a ajudar um homem talentoso. O rapaz fica susceptível e ciumento; irritado com os primeiros sucessos de Hemingway, persuadido de que este o esquecera, vinga-se, denegrindo-o e espalhando os boatos mais grosseiros a seu respeito. Por outro lado, Gertrude Stein não recebeu tratamento melhor. No quarto e último número de *The Exil*, ele não a deixa de fora.

Animador dos dias e das noites de Montparnasse, Robert McAlmon terá sido um dos personagens mais marcantes da colônia americana dos exilados de Paris durante os Anos Loucos.

As obras desiguais dessa figura muito representativa da "geração perdida", escritor-editor perpetuamente em viagem, não foram editadas ou reeditadas na França.

8

Ao publicarem alguns números da revista *Contact* em Nova York, em 1920, Robert McAlmon e William Carlos Williams conquistaram uma notoriedade relativa nos círculos literários onde pululavam tantas pequenas publicações. Citemos *Poetry*,[1] de Harriet Monroe, *The Dial* de Scofield Thayer[2] e Marianne Moore, *The Little Review* de Margaret Anderson[3] (da qual Ezra Pound foi o correspondente na França), sem esquecer as revistas editadas em Londres: *The Egoist*,[4] trimestral de Harriet Shaw Weaver, *The Criterion*, de T. S. Eliot. A distribuição destas últimas para leitura na França é feita exclusivamente pela Shakespeare and Company. Livraria adotada pelos exilados de Montparnasse para a difusão de seus textos e poemas que aparecem em revistas de tiragem limitada.

---

[1]*Poetry*, revista dirigida por Harriet Monroe (1860-1936) e Marianne Moore (1887-1972).

[2]Scofield Thayer (1889-1982).

[3]Margaret Anderson (1886-1973).

[4]*The Egoist*, revista de Harriet Shaw Weaver (1876-1961), também diretora da editora Egoist Press.

Em 1922, McAlmon confidencia a Sylvia Beach sua intenção de publicar *Contact* na capital. Ele pretende publicar em sua revista comparações entre as literaturas dos principais países da Europa e a da América do Norte, publicadas durante o mesmo período. Ele também deseja pôr em evidência os escritores americanos a quem, diz ele, Henri James, T. S. Eliot e Ezra Pound dão muito pouco crédito. Ele deseja enaltecer mestres antigos do patrimônio literário: "Já estou cansado de ouvir dizer e de ler que a América não tem literatura alguma; que ela começa exatamente com esta geração. Não acreditem", escreve ele em *Contact*.

Ele aspira a partilhar seu entusiasmo pelas obras de James Fenimore Cooper, Edgar Allan Poe, Mark Twain, Herman Melville ou Bret Harte, cuja releitura lhe revelou valores americanos essenciais: uma nota de sinceridade na narração, uma emoção e uma pureza românticas, uma lealdade generosa, uma observação enternecedora da América rural ou heróica da epopéia dos pioneiros.

Essa volta às origens, ataviada com um sentimento algo chauvinista, será uma espécie de enciclopédia contendo artigos sobre os acontecimentos históricos gloriosos e sobre as grandes figuras lendárias dà América: os viajantes do *Mayflower*, o inelutável Cristóvão Colombo, ou o explorador-escritor sir Walter Raleigh;[5] tentará, além disso, descobrir em listas de textos diaristas desconhecidos ou esquecidos, dos quais provavelmente Sylvia descobrirá os rastros em seus arquivos e nos catálogos de editores. A comodidade financeira conseguida graças a seu casamento com Bryher permite agora

---

[5]Sir Walter Raleigh (1554-1618), navegador e escritor inglês. Favorito da rainha Elisabeth I, ele tentou em vão estabelecer uma colônia na Virginia.

que McAlmon elabore vários projetos editoriais, viaje pela Europa, e conceda uma mesada de 150 dólares a Joyce que, forçado a interromper suas aulas de inglês para concluir seu *Ulisses*, está sem recursos. A ajuda financeira de Sylvia Beach e de McAlmon[6] permite, durante algum tempo, que Nora, sua esposa e mãe de seus dois filhos, supra as despesas da família.

Os belos projetos de Bob são tão apressadamente esboçados quanto prestemente abandonados. Numa carta a Sylvia, postada de Roma, ele diz ter muitos volumes prontos para publicação para os quais ainda não encontrou editor. Ele espera publicar dentro de alguns meses uma coletânea de contos e um volumoso romance: a saga de uma família de Dakota do Norte — ou seja, não menos que 150 mil palavras. Esse vasto programa, anunciado na rue de l'Odéon, deveria aplacar o ceticismo de Sylvia quanto ao seu ardor e à sua aptidão para o trabalho. Ele precisa restaurar sua imagem seriamente manchada pelos boatos a respeito de sua vida desregrada em Montparnasse e Montmartre. Conta ter tido desde a idade de 15 anos uma inclinação irresistível para a farra, cuja origem estaria estreitamente ligada à sua sociabilidade espontânea e excessiva. Assegura, contudo, jamais ser vítima dos bajuladores, nem dos sanguessugas e outros parasitas, escoltas noturnas que exploram sem titubear sua munificência.

Creditando-lhe 14 mil libras, sir John, seu sogro, permite que ele funde Contact Publishing Company, sua mais recente

---

[6]McAlmon se aproveita sem escrúpulos da fortuna da mulher, de quem se divorciará em 1927. Ele foi apelidado, em alguns salões parisienses, de McAlimony — pensão alimentícia.

editora. Assim que fica conhecida em Montparnasse e imediações, a boa notícia provoca uma avalanche de manuscritos na rue de l'Odéon onde Contact Publishing foi autorizada por Sylvia Beach a manter sua sede social.

Como um boato malévolo desse a entender que McAlmon iria publicar qualquer coisa, ele replica com um comunicado: não dispondo o editor de tempo suficiente para publicar autores novos, é pouco provável que possa ler os novos manuscritos recebidos. Impertinente, anuncia que as obras a serem publicadas não atenderão ao circuito comercial clássico da livraria. Seu planejamento prevê a publicação de *Spring and All*, de William Carlos Williams, *Lunar Baedecker* (ortografia de McAlmon), poemas de Mina Loy,[7] *Twenty-Five Poems*, de Marsden Hartley,[8] e *Short Stories*,[9] de Ernest Hemingway, assim como *Post-Adolescence* e *A Hasty Bunch*, duas de suas obras. Todos esses trabalhos serão impressos em trezentos exemplares e distribuídos para periódicos escolhidos, líderes de opinião, amigos e conhecidos; o restante será vendido a um preço entre um e cinco dólares. Algumas livrarias, notadamente a Shakespeare and Company, também os terão à venda.

Quando o impressor Maurice Darantière manda de Dijon os primeiros livros para a Shakespeare and Company, Sylvia os recebe em consignação e tenta vender a maior quantidade

---

[7]Mina Loy (1882-1966), escritora, descobre em Florença na leitura de poemas futuristas de Marinetti o estimulante que procura. Publica em janeiro de 1914 *Aphorism on futurism* [Aforismo sobre o futurismo], seu primeiro texto "modernista". Adepta de Gurdjieff.

[8]Marsden Hartley (1877-1943), pintor e poeta americano.

[9]*Short Stories* [Contos], primeiro título de *Three Stories and Ten Poems* [Três histórias e dez poemas].

possível, e mais tarde os envia ao endereço de McAlmon, em algum lugar na Europa.

Continuamente em viagem, ele mantém a direção de sua editora a partir do lugar onde se encontra: o quarto de hotel, o café ou o posto de correio da cidade. Método de gestão dos mais bizarros numa época em que os meios de comunicação não eram o que se tornaram. Sylvia não pode nem quer responsabilizar-se pela divulgação das obras da Contact Publishing: a carga de trabalho é pesada demais para ela que dedica seu tempo à publicação de *Ulisses*. McAlmon decide, então, adotar outras medidas.

9

Pouco depois de sua chegada à França, William Bird,[1] responsável europeu da Consolidated Press Association, descobre por acaso uma pequena tipografia, ao flanar pelo quai d'Anjou, na ilha Saint-Louis. Seu proprietário, Roger Dévigne, jornalista francês, possui uma antiga impressora manual na qual imprime obras de qualidade. Bird sempre sonhou exercer o ofício de artesão impressor. Apresenta-se a Dévigne e pede que ele o aceite como aprendiz. Em troca, oferece-lhe um jogo completo de fontes Carlson, soberbo. Sem desconfiar que lida com um daqueles apaixonados pela impressão manual, Dévigne aceita.

Bird leva alguns pequenos manuscritos prontos para a impressão, entre os quais seu *Practical Guide to French Wines*, redigidos por um amador de vinhos finos em louvor do menor de seus pecados. Em pouco tempo ele se familiariza com a composição e a impressão, a ponto de considerar abrir sua própria tipografia.

---

[1]William Bird (1888-1963).

Um local minúsculo, no número 29 do quai d'Anjou, a dois passos da tipografia de Dévigne, fica vago. Bird ali instala uma impressora Mathieu fora de linha, que comprou, e funda sua empresa: Three Mountains Press.

Alguns se espantam ao ver Bird, um homem sábio e reservado, publicar obras de vanguarda e empregar a maior parte de seu salário de jornalista e todo o tempo disponível na produção de livros de grande qualidade, compostos a mão e impressos em papel de fôrma, sem se preocupar em auferir o menor lucro.

Aceitando associar-se ao viajante do McAlmon, não teme vê-lo dar as caras no minúsculo escritório onde só há espaço para abrigar uma secretária encarregada de acompanhar os pedidos e datilografar a correspondência.

No planejamento de 1924, os novos sócios determinam que as obras das Edições Contact serão impressas a partir dali por Three Mountains Press.

Ao receber os primeiros livros, os críticos de numerosos jornais americanos elogiam McAlmon por publicar escritores cujas obras não agradam além-Atlântico. Em compensação, outros criticam a escolha de *Spring and All* de William Carlos Williams, fantasia paródica oriunda da revolução tipográfica introduzida por Dada e os surrealistas. *Short Stories*, de Hemingway; *Lunar Baedecker*, de Mina Loy; *Ashe of Rings*, Mary Butts; *The Making of Americans*, de Gertrude Stein; *Palimpsest*, de H. D., e de *Lady Almanack Written &Illustrated by a Lady of Fashion* agradam mais ou menos à imprensa americana.

Infatigável no trabalho, a deslumbrante Djuna Barnes já havia escrito na França *Nightwood*, romance sobre as derivas sexuais e os amores movimentados da Paris underground. As admiradoras fervorosas de Djuna não tiveram dificuldade nenhuma em confundi-la com *Lady of Fashion*. Para as que não estavam familiarizadas com a colônia americana, dizer o nome das personagens dissimuladas em suas fantasias seria uma aposta impossível. Desejando preservar o anonimato de suas boas amigas, Djuna Barnes[2] tinha, de fato, deliberadamente embaralhado as pistas. Contudo uma delas é perfeitamente identificável: Évangeline Musset, a "que abandonara, no início dos anos 1880, o *tandem* familiar, no qual seu pai e sua mãe encontravam muita alegria, pelo bizarro divertimento de montar como uma Amazona". Adivinha-se facilmente que só pode tratar-se da poetisa da rue Jacob, a anfitriã-conselheira da margem esquerda, Natalie Clifford Barney. Embora inicialmente escrita como uma brincadeira, Djuna pensa em publicar sua *Lady Almanack*. Entra em contato com Titus, mas as exigências do editor a desencorajam — ele pedia não apenas para ser desobrigado dos gastos com a impressão, mas também autorizado a vender a obra no atacado e no varejo sem se responsabilizar por sua divulgação. Finalmente, Robert McAlmon compra o *roman à clef* e o edita por sua conta, como um generoso presente para Djuna.

---

[2]Djuna Barnes (1892-1982).

10

Quando chega a Paris em 1921, Ernest Hemingway considera inútil apresentar a carta de recomendação que Sherwood Anderson[1] lhe dera, dirigida à livraria da rue de l'Odéon. Dominando a timidez, ele entra na Shakespeare and Company num dia de dezembro. Rapaz alto, de 22 anos, ele usa um bigode que mal disfarça sua juventude. Em voz baixa, apresenta-se a Sylvia e lhe pede que o inscreva na biblioteca de empréstimos. Sem um tostão no bolso, recebe mesmo assim o cartão de sócio, pois Sylvia permite que ele regularize sua cota de acordo com sua conveniência. Sentindo-se à vontade, ele fuça, devora com os olhos as fotografias dos escritores célebres dos quais alguns freqüentam a livraria, examina todos aqueles livros arrumados nas prateleiras antes de escolher e levar obras de Turgueniev, D. H. Lawrence, Tolstoi... Sylvia lhe diz, sorrindo: "Com tanta leitura não volta tão cedo para me ver!" Mas, insaciável, ele volta alguns dias depois para prover-se de outras.

Ernest, filho do médico Clarence Hemingway, nasceu em 1899, em Oak Park, subúrbio de Chicago. Voluntário durante

---

[1]Sherwood Anderson (1876-1941), escritor americano, amigo de Faulkner. Como o pai, sempre se considerou um contador de histórias.

a Grande Guerra, acaba de sair de um hospital militar onde, durante dois meses, foi tratado de uma lesão no joelho, um estilhaço de granada recebido a 8 de julho de 1918, na Itália. Você quer ver meu ferimento? Pergunta ele; sim, ela quer ver. Tirando sapatos e meias, ele levanta a perna da calça e mostra a Sylvia cicatrizes impressionantes, dizendo-lhe que o hospital, achando seu caso desesperador, quis lhe ministrar a extrema-unção. Enquanto esperavam, por precaução, batizaram-no, caso as previsões dos médicos o tivessem levado desta para melhor.

Ele se abre com Sylvia, conta-lhe a morte trágica do pai, depressivo profundo que, suicidando-se, deixou-lhe como herança seu fuzil. Infelizmente, gesto premonitório.

O melhor tratamento contra a astenia, segundo o doutor Hemingway, sendo a vida ao ar livre, ele fez com que seus filhos partilhassem seu gosto pela natureza. Ensinou-os a pescar e a caçar desde os primeiros alvores da aurora durante as férias familiares em Walloon Lake, no norte de Michigan. Muito puritano, ele bancava o santinho proibindo os filhos de irem ao baile. Experimentava uma profunda repulsa pela dança; aqueles movimentos obscenos de dois seres de sexo oposto repugnavam-no. Quanto à literatura, considerava que era feita unicamente para instruir. Quando lê *In Our Time*, em 1925, primeiro conjunto de contos do filho, censura Ernest por descrever a brutalidade do mundo, em vez de glorificar a alegria de viver, o otimismo e o espiritual. O cúmulo, para aquele estraga-prazeres desesperado.

Influenciado pelos livros de Horacio Alger,[2] como o será Francis Scott Fitzgerald, Ernest deseja ardentemente, desde a mais tenra idade, tornar-se escritor.

---

[2]Horacio Alger (1834-1899), escritor americano especialista em livros para jovens ambiciosos. Respeitoso das virtudes tradicionais. Autor de 119 obras!

Todas as manhãs, ele entra na livraria, passa os olhos pelas revistas e em seguida mergulha nas narrativas do Capitão Marryat, oficial de marinha da Royal Navy cujas obras sobre a vida marítima e os romances de aventuras o cativam. Ele lê, além de literatura anglo-saxônica, os autores russos, as traduções de Flaubert e Maupassant, e também livros sobre arte e esporte. "Mr Awfuly Nice", como Sylvia o apelida, suscita um certo ciúme: o de George Antheil, aquele privilegiado que mora na sobreloja da livraria. Hemingway o irrita: "Ele se toma por um artista; os imbecis se vêem obrigados a dissertar, dando-se ares de inteligentes", escreve a Sylvia. Nessa categoria, Hemingway é o mais tolo. Sylvia, atenta à boa harmonia entre seus "Bunnies", aplaca os rancores. Assim ela traz de volta a calma e a paz.

Quando chega a Paris, depois de breve estada no hotel Jacob, Hemingway se instala com a mulher, Hadley,[3] no número 74 da rue Cardinal-Lemoine, perto de place de la Contrescarpe, naquela época ponto final dos grandes ônibus verdes da S.T. C. R. P.[4] O velho bairro da Mouffe, atualmente badalado, é o antigo burgo Saint-Médard, reino dos trapeiros, exaltado por Eugène Sue.

Em *Paris é uma festa*, Hemingway resumiu aqueles anos de juventude: "Um tempo em que éramos muito pobres e muito felizes."

Ele freqüenta pouco os jornalistas e escritores anglo-americanos e só tem desprezo por seus compatriotas desocupa-

---

[3] Hadley Hemingway, nascida Richardson, é mais velha do que ele, mais de sete anos.

[4] *Société des Transports en Commun de la Région Parisienne* (1921-1941) [Sociedade dos Transportes Coletivos da Região Parisiense].

dos, os gabolas e pseudo-artistas invejosos do sucesso de alguns, arrastando-se pelas varandas dos cafés de Montparnasse. Por intermédio de Jake Barnes, personagem de *O sol também se levanta*, ele é impiedoso para com o pequeno mundo dos bêbados e homossexuais do "Quarter", "a escória de Greenwich Village para os lados de La Rotonde".

Todos os dias ele vai trabalhar numa água-furtada no número 39 da rue Descartes, velha casa onde Verlaine se apagou, a 6 de janeiro de 1896.

Correspondente esportivo do *Toronto Star Weekly*[5] em Paris, Hemingway é obrigado a assistir a todas as manifestações esportivas. Ele carrega às vezes suas amigas Sylvia Beach e Adrienne Monnier. Por muito tempo elas se lembrarão da luta de boxe disputada em Ménilmontant, na qual, depois de ter subido as temíveis escadas da estação de metrô Pelleport — acompanhadas por Hadley, então grávida do futuro Bumby —, elas assistiram a um combate clandestino de amadores num ringue erguido no fundo de um jardim. Ao final de um round confuso, uma decisão controversa do árbitro iria acarretar um enfrentamento entre boxeadores e espectadores, para acabar num conflito generalizado.

Mais comportado, os Seis Dias Ciclistas de Paris no Vél d'Hiv,[6] o acontecimento mais popular da estação esportiva da época, divertiram em especial. Um espetáculo permanente de uma semana, no qual, misturadas ao povão das arquiban-

---

[5]Contratado aos 19 anos como repórter do *Kansas City Star*, Hemingway foi correspondente durante alguns meses do *Toronto Star* no Oriente Médio após a guerra.
[6]Vél d'Hiv, o velódromo de inverno onde se disputavam corridas de meio-fundo, lutas de boxe, assim com os Seis Dias de Paris. Nos dias 16 e 17 de julho de 1942, 12.352 judeus ali foram confinados antes de serem deportados para os campos de extermínio.

cadas, Sylvia e Adrienne observaram os corredores, homenzinhos girando numa pista em uma algazarra de um saguão de estação ferroviária. Em meio ao clamor, à poeira e à fumaça, os *titis* parisienses, os garotões, se aboletam para petiscar, com um litro de tinto ao lado; urram e sapateiam ao anúncio inaudível do alto-falante que promete um bônus ao vencedor de um *sprint* desenfreado, enquanto com gracejos saúdam a chegada de uma estrela enfatiotada e maquilada que vem se acanalhar depois do espetáculo ao braço de um janota, como gostavam de fazer, naquele tempo, as estrelas do showbiz.

Turfista azarado dos hipódromos de Auteuil e de Enghien, acontece de Ernest — apesar do aperfeiçoamento de uma estratégia meticulosa refinada com a ajuda de prognósticos de jornais especializados — dilapidar o dinheiro do casal. Como em breve será pai, toma, então, sábias decisões: parar de jogar, escrever o mais possível nos momentos em que não tem de comentar as performances e as vitórias dos campeonatos para o *Toronto Star*.

Depois das loucas noitadas esportivas, uma noite, Ernest vai à casa de Adrienne Monnier entregar-se a um esporte diferentemente audacioso: ler para suas duas amigas *In Our Time*, seus primeiros contos. Ele considera essencial a opinião das duas livreiras, e seu julgamento decisivo para seu futuro como escritor. Se ele as considera ignaras em esporte, em literatura, estima-as judiciosas. Terminada a leitura, as senhoritas, impressionadas tanto pela originalidade de seu estilo pessoal quanto por seus dons de contador e por seu sentido dramático, não pouparam cumprimentos. Peremptória, Adrienne decretou: "Hemingway tem um autêntico temperamento de escritor." E por que não tentar publicá-lo nos Estados Unidos?

Como nem William Bird nem Bob McAlmon ficaram com os direitos sobre seus contos editados em algumas centenas de exemplares por Three Mountains Press, Hemingway tem toda a liberdade de apresentá-los a um editor americano. A conselho dos amigos Dos Passos[7] e Donald Ogden Stewart, ele reúne a parte em prosa de *Three stories and Ten Poems*, narrativas curtas de *In Our Time*, aos quais acrescenta alguns textos inéditos e encaminha o manuscrito, por Stewart, ao editor Doran & Company. Este não se interessa, passa-o ao colega Knopf que também não fica com ele, mas o indica a Liveright. A resposta, aguardada em Paris com angústia, chega, finalmente, sob a forma de dois cabogramas amigáveis, um de D. O. Stewart,[8] o outro de C. H. Loeb,[9] anunciando que os editores Boni & Liveright concordam em publicar *In Our Time*. A obra, com tiragem de 1.335 exemplares, aparece a 5 de outubro de 1925 depois da correção de algumas passagens cujo vocabulário bastante cru poderia chocar o público americano. Temendo que um livro de contos de um autor desconhecido não cobrisse as despesas, o editor imprimiu na sobrecapa testemunhos elogiosos de escritores conhecidos e estimados, como John Dos Passos e Sherwood Anderson.

Encantado por finalmente ter um editor, Hemingway agradece a Boni & Liveright e espera ser, futuramente, um autor da casa: "Não preciso lhes dizer o quanto estou feliz por ser publicado por Boni & Liveright, e espero me tornar um de seus valores certos. Isso depende de nós dois."

---

[7]John Roderigo Dos Passos (1896-1970), escritor americano, correspondente de guerra na Espanha, no México e no Oriente Médio. Autor de *Three Soldiers* (1921) [Três soldados] e de *Manhattan Transfer* (1925).
[8]Donald Ogden Stewart (1894-1980).
[9]Charles Harold Loeb (1905-1978), fundador de jornais, correspondente de guerra, editor, escritor autor de *The Future is Yours*.

A resposta não deixa de ser audaciosa da parte de um escritor que ainda não foi publicado. Provavelmente, foi a carta lisonjeadora que ele acaba de receber de Max Perkins, diretor literário no Scribner's, ao qual Scott Fitzgerald o recomendara particularmente sem o conhecer, que lhe dá semelhante atrevimento.

Perkins, evidentemente, procura domar um potro em potencial. Ele faz alusão aos inconvenientes de ser editado por uma editora desconhecida dos difusores e dos livreiros. Ainda não sabe que Hemingway acaba de assinar contrato com um de seus concorrentes, Boni & Liveright.

11

"Não é o que a França lhe dá, mas o que ela não lhe tira", diz Gertrude Stein, aludindo à coerção e às concessões impostas pela cultura americana.

Para a maioria das mulheres como ela, expatriadas em Paris, o essencial é poder dispor de si mesma, abandonando um país atormentado pelas sujeições morais, psíquicas, nascidas da proibição e do puritanismo de um povo cuja ética se funda nos valores do business, do materialismo e do conservantismo.

Ao escolher o exílio, Gertrude Stein desejava alcançar o objetivo de toda a sua vida: escrever. Pressentia também que Paris seria o lugar propício a seu desabrochar como escritora — melhor que Nova York, que ela sempre detestou — e que lhe permitiria ao mesmo tempo emancipar-se do irmão Leo; expulsar definitivamente de sua consciência aquele infeliz primeiro amor americano, cuja ruptura a tinha ferido lá no fundo.

Paris é para ela a cidade ideal para gozar sem limites sua vida de escritora, deixando-lhe, além do mais, latitude para viver livremente sua homossexualidade.

Durante os primeiros tempos da instalação dos Stein na rue de Fleurus, as conversas giravam essencialmente em torno de pintura e arte. Eram sempre animadas por Leo, especialista em quadros do final do século XIX e início do XX. Depois, quando pouco a pouco os jovens escritores americanos invadirem o ateliê, ele se afastará da rue de Fleurus, e deixará a irmã ser a magíster do lugar. Instituem-se então reuniões semanais, espécie de salão literário presidido por Gertrude, uma "patroa" como a Mme Verdurin de Marcel Proust.

No início, ali se encontram os artistas cujas obras adornam as paredes: Picasso e sua companheira Fernande Olivier, o casal Matisse, Braque, Marie Laurencin acompanhada de Apollinaire, assim como amigos de passagem que se interessam por arte moderna. São logo submersos pelos escritores americanos de Paris: John Dos Passos, Archibald e Ada MacLeish, Donald Ogden Stewart, Nathan Asch, Ernest Walsh, Evan Shipman... todos ávidos por ouvir os oráculos sem apelação proferidos pela egéria da *Lost Generation*.

Não há preocupação com trajes para assistir àquelas reuniões informais. Com freqüência Gertrude recebe de penhoar de veludo, calçando sandálias fabricadas para ela por Raymond Duncan.

Para as homossexuais expatriadas, aqueles encontros são dotados, num registro diferente, de um prestígio comparável ao do salão de Natalie Barney, na rue Jacob. Embora este seja nitidamente mais mundano e um tantinho afetado: ali se toma chá com bolinhos.

No outono de 1909, como Gertrude Stein e Natalie Barney, Edith Wharton sente necessidade de encontrar um refúgio para escrever. Ela também escolhe viver em Paris, instalando-se num vasto apartamento no número 53 da rue de

Varenne. Essas senhoras desejam seguir sua inclinação na sociedade parisiense, que sempre reivindicou grande liberdade de expressão.

Ao contrário das moradias luxuosas da rue Jacob e da rue de Varenne, o ateliê de Gertrude Stein parece espartano. Ali reina a negligencia boêmia habitual entre escritores e poetas. Num cafarnaum estranho em que móveis pesados, estilo Luís XIII, cercam uma longa mesa florentina que serve de escrivaninha, as cadeiras *Haute Époque* convizinham com cofres esculpidos, bufês onde se acumulam urnas de alabastro da Itália, porcelana comum entre valiosas bandejas orientais, grandes pastas de desenho abarrotadas de estampas japonesas e de desenhos de Picasso. No centro da peça, a grande estufa de ferro fundido completa esse bricabraque extravagante. Contraste singular: os soberbos quadros contemporâneos expostos nas paredes do ateliê e o acúmulo de móveis e objetos tão pouco "modernistas".

Tendo como trono um assento baixo Renascença, Gertrude Stein, satisfeita com a deferência que não deixam de lhe manifestar seus convidados, anima a noite tradicional do sábado. Bonachona, mas imponente, o busto maciço inclinado, as mãos nas coxas, Gertrude Stein, conforme o retrato pintado por Picasso, lembra também o *Monsieur Bertin*, de Jean Dominique Ingres, exposto no museu do Louvre.

Uma atmosfera bem diferente reina em casa de Natalie Barney,[1] na rue Jacob. Um pavilhão recuado da rua, antigo palácio construído pelo marechal de Saxe para Adrienne

---

[1]Natalie Clifford Barney (1876-1972) poeta americana, amiga de Remy de Gourmont.

Lecouvreur,[2] membro da Comédie Française, a mais ilustre atriz trágica de seu tempo, revela uma Paris extinta cujo encanto obsoleto e romântico ainda impregna a morada patrícia. Num canto do jardim, por onde passeava a Champmeslé[3] de braços com Racine, um pequeno templo dórico construído no início do século XIX, dedicado "à amizade", parece celebrar a união indefectível da dona do lugar com sua terna amiga Renée Vivien, que partiu para uma viagem sem volta.[4]

Em seguida a um pátio calçado precedido de um pórtico, encontra-se o pavilhão, composto de térreo e de um andar, cercado por um parque não cultivado: é a eremitagem da poetisa, o retiro de Miss Barney. Quanto ao grande apartamento de Edith Wharton, na rue de Varenne, situado no segundo andar de um imóvel abastado, compõe-se de uma biblioteca, vasto salão, sala de jantar com cozinha e copa, e outro salão destinado à governanta e à camareira.

Mrs Wharton mobiliará a casa garimpando nos antiquários e galerias do bairro; é uma de suas ocupações preferidas. Enquanto isso, o neurastênico do marido se trata nos Estados Unidos. Embora decida deixá-lo, será ele que a abandonará alguns meses mais tarde, deixando-a viúva.

Edith Wharton não é bonita, mas sua elegância corrige o físico um pouco ingrato. A excelente educação, a fortuna da família e as viagens dotaram-na de uma sólida cultura européia. Em Paris, ela se cerca de um ambiente cultural estimulante, freqüenta os meios sociais análogos aos de Natalie Barney.

---

[2]Adrienne Lecouvreur (1692-1730), atriz trágica, intérprete de Corneille, Racine, Voltaire. Teria sido envenenada, dizem, por uma rival.

[3]Marie Champmeslé, célebre atriz, amiga de Racine, criou os papéis de Ifigênia e Fedra. (*N. da T.*)

[4]Renée Vivien (1877-1909), pseudônimo de Pauline Tarn. Poetisa de *Cendres et poussières* e *Évocation*.

As duas mulheres, no entanto, nunca se encontraram, elas até se evitaram cuidadosamente. Ambas muito ricas, elas têm modos totalmente diferentes de viver. Natalie se contenta com duas pessoas para servi-la, enquanto Edith tem seis. Natalie, mulher comunicativa e afetuosa, mostra-se hospitaleira, enquanto Edith, distante e fleumática, é reservada. Os jardins de Natalie são invadidos pelo mato; os de Edith são simétricos, à francesa, e se Natalie se desloca em caleche hipomóvel, Edith prefere rodar em carro esporte. Quanto a Gertrude, sua vida cotidiana é sem fausto, bastante boêmia; ela confia em Alice Toklas para a administração da casa.

Natalie Barney recebe a fina flor da literatura francesa da época. Paul Valéry, Jean Cocteau, André Gide, Colette cruzam em seu salão com Ezra Pound, Ford Madox Ford, Sherwood Anderson, Thornton Wilder, assim como mulheres de letras anglo-saxônicas adeptas de Safo exiladas em Paris: a pintora Romaine Brooks, amiga íntima de Natalie; Dolly Wilde, sobrinha de Oscar; Djuna Barnes, autora, como vimos, de *Lady Almanack*; Janet Flanner, correspondente do *New Yorker* em Paris, acompanhada da escritora Solita Solano... Todas militando pela liberação sexual e pela emancipação intelectual da mulher.

A vida parisiense de Edith Wharton se situa na antípoda. Pouco sociável, ela recebe raramente. Prefere passar as noites com o velho amigo e vizinho Walter Berry.

Para Edith Wharton, 1909 constituiu um ano crucial. Mais do que a compra do apartamento da rue de Varenne, o encontro em Londres, a 3 de julho, com Morton Fullerton, correspondente do *Times* em Paris, mexeu com ela. Durante a noite que passam juntos no hotel Charing Cross, o jornalista vai fazê-la descobrir-se. Pela primeira vez, aquela quase virgem se inflama e experimenta o prazer dos sentidos aos 47 anos; era tempo...

Na ausência de Fullerton, chamado aos Estados Unidos, ela tenta acalmar o desejo de reencontrá-lo escrevendo-lhe poemas emocionantes, mas muito afetados, e cartas que em vão tentará recuperar depois que rompem.

De Boston, notícias referentes ao comportamento de seu marido a alarmam. Os médicos que tratam dele comunicam-lhe seu comportamento estranho. Maníaco-depressivo, alternadamente exaltado e prostrado, Teddy delira: conta que comprou um apartamento para a amante, fala de especulações desastrosas na bolsa com o dinheiro da mulher, faz compras imprudentes.

O marido nunca fez grande coisa na vida, além de gerir, quando estava lúcido, os bens da esposa. Rica herdeira, a fortuna familiar de Edith Wharton[5] compreende, em especial, um considerável patrimônio mobiliário e imobiliário na Nova Inglaterra e importantes interesses em companhias de estrada ferro americanas. Herdeira de uma grande fortuna nos Estados Unidos, é certo, mas também de seus direitos autorais. A título de exemplo, seu livro *The house of Mirth*, um grande sucesso, lhe rendeu mais de 65 mil dólares entre 1906 e 1909.

Sua impaciência em divorciar-se provém em muito do desejo de poder se unir a Morton Fullerton. Brilhante e ambi-

---

[5] Edith Wharton, nascida Newbold Jones (1862-1937), escritora americana, autora, entre outros, de *The House of Mirth* [A casa do Mirth] (1905), *Ethan Frome* (1911) [Tradução de Donaldson M. Garschaen. Rio de Janeiro: Editora Guanabara dois, 1986.], *The Age of Innocence* (1920) [A era da inocência. Tradução de Sieni Maria Campos. Rio de Janeiro: Ediouro, 1998.], *River Hudson Bracketed* [Nas margens do Hudson] (1929).

cioso, superficial e volúvel, ele é severamente julgado pelos amigos e biógrafos de Edith Wharton. Incensado por Henry James, que sem dúvida encontra nele um discípulo admirativo, o elegante fanfarrão Fullerton não se casará com Edith. A ligação deles se desfará com o tempo. Viver, enfim, com o homem que a marcou profundamente não se concretizará jamais para ela.

12

Gertrude Stein poderia se orgulhar de ter escrito o manuscrito que realizou o maior périplo da literatura do século XX. Agentes literários, editores e amigos dedicados enviaram e reenviaram durante vários anos para os dois lados do Atlântico as 2.428 páginas datilografadas de seu *Making of Americans*, sem conseguir encontrar um editor. Ao decidir publicá-lo, em novembro de 1925, McAlmon vai pôr fim àquela singular caçada.

Inicialmente, o manuscrito dormiu no fundo de uma gaveta depois da recusa de uma editora inglesa em 1911, e em seguida, durante os quatro anos da Grande Guerra. É retirado dali por insistência de Carl Van Vechten,[1] admirador e amigo de Gertrude. O texto é enviado em 1923 para Nova York, onde esse amigo fiel o recebe e oferece ao editor Knopf. Este o submete a uma amostragem de leitores cujo julga-

---

[1] Carl Van Vechten (1880-1964), autor de *Tigre dans la chambre* [Tigre no quarto], de *Paradis des nègres* [Paraíso dos negros]. Fotógrafo, deixou belos retratos de escritores célebres.

mento determina a aceitação ou a recusa da publicação. O veredicto desfavorável é sem apelação e destrói as esperanças de Gertrude.

Nesse meio-tempo Ford Madox Ford, redator-chefe da *Transatlantic Review* deixou-se convencer por Hemingway, então secretário de redação da revista, a publicar trechos de *The Making of Americans*. Gertrude vê, numa noite, chegar à rue de Fleurus um Ernest Hemingway muito excitado, para anunciar-lhe a boa notícia. Precisa, com urgência, diz ele, das cinqüenta primeiras páginas. Infelizmente, é impossível retirá-las do manuscrito original, cuidadosamente encadernado. Hemingway se propõe, então, a copiar as páginas destinadas à revista. Às pressas, Gertrude e ele se lançam ao trabalho a fim de entregar no prazo o texto para a composição. Em seu entusiasmo, Hemingway se encarrega não apenas da cópia do texto, mas também da correção das provas.

Satisfeito em publicar pela primeira vez o início daquele lendário manuscrito, Hemingway fica contente em provar sua afeição por Gertrude Stein e finalmente conseguir que reconheçam o talento dela. Ford Madox Ford foi avisado do tamanho do manuscrito quando aceitou publicar em folhetim *The Making of Americans*? Depois da publicação de quatro episódios em seis meses, ele se preocupa por não entrever o final. Ford pensava, segundo as afirmações de Hemingway, que se tratava de um grande romance a ser publicado em três volumes; conhecendo agora a real extensão do texto, ele teria preferido negociar o valor da lauda de Gertrude Stein antes de assumir a interminável publicação.

Hemingway aconselhara Gertrude a pedir trinta francos por página, afirmando-lhe que ela poderia ter certeza de ser paga. Ele respondia pela palavra de John Quinn,[2] patrocinador da revista e rico advogado, colecionador de quadros de mestre, mas também especialista em manuscritos, maníaco pelos trabalhos de James Joyce. Portanto, John Quinn pagará. Mas no mês de junho de 1925, a morte brutal do advogado põe fim a especulações e negociações sobre a publicação, provocando o naufrágio da revista.

Depois de alguma esperança alimentada pelos editores Knopf e Boni & Liverigh, Gertrude se vê de volta ao ponto de partida. Os esforços de Jane Heap[3] para convencer T. S. Eliot a publicar episódios de *The Making of americans* na revista *Criterion* também não são coroados de êxito.

Quando McAlmon vai pela primeira vez à rue de Fleurus em companhia de Mina Loy, fica surpreso ao descobrir, contra toda expectativa, uma Gertrude Stein até que simpática. É verdade que ela pontifica, gagueja, como ele já esperava, mas ele descobre uma personagem humana; ele tinha jurado a si mesmo não ter nenhuma benevolência por aquela profetiza, e não levar em consideração suas opiniões e, logo, não encarar uma possível amizade. Contudo ele não tem complacência por sua obra, embora tenha gostado de *Melancha*, o segundo romance de *Three Lives*, o único livro de Stein que, ao que se acredita, "se sustenta".

Em agosto de 1924, McAlmon pede novamente a Gertrude sua colaboração para um número no qual ele pretende

---

[2] John Quinn (1870-1925), mecenas de Pound, Eliot, Joyce, possui uma grande coleção de pintura moderna, compreendendo notadamente: *Le Cirque* de Signac, *Les Poseuses* de Seurat, uma *Montagne Sainte-Victoire* de Cézanne, *La Bohémienne endormie* do Douanier Rousseau. O catálogo da venda posterior à sua morte foi prefaciado por Jean Cocteau em 1926.
[3] Jane Heap (1887-1964), co-redatora de *The Little Review*.

publicar contos de escritores americanos amigos seus de Paris, escolhendo os mais conhecidos do público. Gertrude lhe encaminha *Two Women* [Duas mulheres], um texto curto que não excede quinhentas palavras — não chega a duas páginas — como ele constata. Essa amável confraternidade incita Gertrude a lhe perguntar se ele aceitaria encarregar-se da edição de seu manuscrito, mediante a garantia de uma compra assegurada de cinqüenta exemplares.

Um encontro é marcado no mês de janeiro, durante o qual Gertrude Stein sugere a McAlmon que publique sua obra nas Éditions Contact, na proporção de quatro a seis volumes em dois anos. McAlmon aceita no mesmo instante sem discutir, e promete lhe mandar um contrato incluindo a cláusula — imposta por Gertrude — que garante a propriedade de *The Making of Americans* à autora.

Num argumento de venda publicado para atrair a clientela, McAlmon bajula um pouco, afirmando que o livro é esperado com tanta impaciência que ele tem de pedir aos compradores para esperar, em razão dos prazos de impressão impostos pelo impressor. Por intermédio desse impresso, ele fustiga o mercantilismo dos editores que se recusaram a publicar aquela bela obra, em razão de baixos motivos comerciais.

McAlmon não vai demorar a descobrir por sua vez o tamanho desmedido do texto. Com Bird, seu associado impressor do quai d'Anjou, ele descobre que o texto datilografado contém 550.000 palavras, um terço a mais do que o de *Ulisses* (379.000 palavras).[4] Uma edição em quatro ou cinco volumes, çomo sugere Gertrude, teria um preço de custo tão grande

---

[4]Os editores anglo-saxônicos calculam por palavras (cinco sinais ou espaços no sistema francês).

que ele decide publicar o livro em dois tomos, sem deixar de lembrar a Gertrude sua promessa quanto à subscrição prometida. O acordo que acontece no último minuto entre eles evita por pouco o rompimento de suas relações.

As formalidades entre McAlmon e Gertrude Stein mudam de tom quando do recebimento dos primeiros jogos de provas enviados pelo impressor Darantière, de Dijon. Gertrude até que está satisfeita, mas não no que se refere ao contrato redigido às pressas. Impreciso, não informa sobre os direitos nem sobre o número de exemplares do autor, nem sobre uma compensação pela releitura das provas feita por Alice Toklas. Esse trabalho não poderia ser realizado por um não-iniciado, pois a divisão tipográfica do texto é estranha, e a forma muito original não aceita pontuação. Sobre esse assunto, um dos amigos chama a atenção sobre a dificuldade da leitura em razão da ausência de vírgulas; elas são inúteis, segundo a autora: "O sentido deve ser intrínseco" — lhe diz ela —, "e não deve depender de vírgulas. As vírgulas são sinais que permitem repousar e respirar; cada um deve saber quando quer parar e respirar."

Insistindo, o amigo consegue, com dificuldade, o acréscimo de duas ou três vírgulas, que ela logo vai suprimir ao reler as provas.

McAlmon, irritado com as recriminações de Gertrude, lhe envia uma reformulação do contrato. Nas notas sobre sua experiência como editor, ele julga severamente a atitude de Gertrude durante o trabalho conjunto. Ele a chama de mulher caprichosa e megalômana, pensa que suas exigências ultrapassam os limites e que seu caráter irascível beira a histeria.

Quando fica sabendo que Gertrude e Jane Heap se esfalfam para encontrar nos Estados Unidos um editor capaz de publicar o manuscrito, McAlmon, furibundo, lhes comunica que se a coisa acontecesse, semelhante traição acarretaria a destruição completa de todos os exemplares publicados por sua editora.

Os imprevistos e os dolorosos insucessos de Gertrude Stein durante a edição de suas obras se atenuam graças a um longo artigo de Edith Sitwell publicado na *Vogue*. Nele Gertrude é aureolada com o título de escritora moderna cuja literatura se aproxima do mundo aparentemente irracional da música. Concepção de sua obra que a enche de satisfação, mais do que a noção de cubismo literário ainda colada a seus escritos.

A imponente personalidade de Gertrude Stein, a importância das reuniões em seu ateliê da rue de Fleurus, onde os maiores pintores da Escola de Paris gostavam de se encontrar, onde a nova geração de escritores anglo-saxões ouvia com fervor suas idéias sobre literatura, não lhe deram, contudo, em vida, o reconhecimento ao qual ela aspirava. Conserva-se dela, porém, a lembrança da personalidade mais carismática daqueles loucos anos de Montparnasse.

13

Na suavidade de uma noite do fim do mês de abril de 1925, Hemingway vai a Montparnasse em companhia de um casal de amigos para beber no Dingo, bar da rue Delambre. Ele é sempre recebido ali como um amigo por Louis Wilson, o dono americano, Yopi, sua esposa holandesa, e Jimmie Charters, ex-boxeador profissional que se tornou barman.

Cúmplice familiar de Hemingway, Jimmie gosta de lembrar com ele as lutas de boxe em vinte assaltos de antigamente no Cirque d'Hiver, ou de reavivar as lembranças daqueles ringues clandestinos armados nos jardins para enfrentamento entre iniciantes. Ambos partilham também um fervor de aficionados frustrados pela arte da tauromaquia e pelos matadores lendários. Quando chegar a hora, Ernest Hemingway se lembrará da antiga convivência entre eles para prefaciar as *Memórias* daquele barman musculoso, que estimulava os consumidores com seu tradicional: "O que vai ser?" O antigo botequim no número 10 da rua tinha sido comprado por um tal de Harrow, em 1923, e batizado de Dingo. Apelidado pelos clientes de "Velho Dingo", Harrow tinha contratado

Charters como porteiro, mas, enquanto esperava a entrega do belo uniforme agaloado de dourado, especialmente talhado para o ex-boxeador, Jimmie tinha ajudado o barman e aprendido o trabalho. Não podendo controlar a dependência de bebida que tem seu pessoal, o bonachão Harrow, arruinado por essa dipsomania doméstica, jogou a toalha e vendeu o negócio a Wilson, em 1924.

O Dingo, American Bar and Restaurant, entra na moda desde o dia em que Flossie Martin, uma dançarina do grupo da Hoffman Girls,[1] escolheu a liberdade para estudar canto em Paris. Sua natureza generosa, seu entusiasmo e sua alegria atraem para o Dingo todos os sedentos amadores de coquetéis misturados na coqueteleira de Jimmie.

Trinta e cinco anos depois, em 1960, Hemingway contará em *Paris é uma festa* (*A moveable Feast*) aquele fim de tarde no Dingo durante o qual encontrou Scott Fitzgerald pela primeira vez. Não se pode tomar sua narrativa ao pé da letra: "Se o leitor quiser, este livro pode ser considerado uma obra de imaginação" — previne o autor no prefácio —, "mas sempre é possível que uma obra de imaginação jogue alguma luz sobre o que foi contado como um fato."

A franqueza do prólogo deixa o leitor livre para divagar sobre a primeira entrevista desses dois escritores entre os mais notáveis da literatura americana da primeira metade do século XX. Suas relações tempestuosas, atravessadas por senti-

---

[1]As Hoffman Girls se apresentavam no Cassino de Paris na revista de Jacques Charles, *Mieux que nue* [Melhor que nua], no mês de agosto de 1925. "Bonitas moças florescentes de juventude e de saúde em seus variados exercícios que se caracterizam por acrobacia e dança", em *Moulin Rouge*, de Jacques Pessis e Jacques Crépineau, Éditions Hermé, 1989.

mentos confusos de ciúme, afeição e rivalidade, lembram, por vezes, a de velhos amantes. A correspondência que trocaram diz mais sobre a amizade deles do que as fábulas e as histórias mais ou menos fiéis à verdade, repetidas aqui e ali. O certo é que Hemingway e Fitzgerald bebem juntos no Dingo, numa noite do mês de abril de 1925, e se, naquele dia, Fitzgerald se enche de champanhe mais do que seria razoável, Hemingway não tem razão em censurá-lo.

Com três romances publicados, dentre os quais *O Grande Gatsby*,[2] sua obra-prima, Scott Fitzgerald já tem uma reputação de escritor. Determinada geração contestadora dos Estados Unidos se identificou com os personagens de seu romance *Este lado do paraíso*,[3] publicado em 1920. Amantes de jazz, de danças novas, e ávidos por liberdade, rapazes e moças recusam-se a aderir às convenções opressoras dos mais velhos. Livro venerado por essa juventude, *Este lado do paraíso* conferiu, infelizmente, a Scott Fitzgerald a fama de cronista frívolo de uma época passada.

Naquele momento, Hemingway não era senão o autor de alguns poemas e de contos publicados em tiragem limitada em Paris, na *Transatlantic Review* e pela Contact Publishing Company, casa de McAlmon. Mas ele acaba de ser editado

---

[2] *The Great Gatsby* (1925), editado por Charles Scribner's Sons, Nova York; *Gatsby, le Magnifique*, traduzido por Victor Liona, Grasset (1946); Le Livre de Poche (1949); traduzido por Jacques Tournier, Le Livre de Poche (1976); nova tradução de Michel Viel, L'âge d'homme (1991). [*O grande Gatsby*. Tradução de Brenno Silveira. Rio de Janeiro: Record, 1982.]

[3] *This Side of Paradise* (1920), editado por Charles Scribner's Sons, Nova York; *L'envers du paradis*, traduzido por Suzanne Mayoux, Gallimard (1978), e coleção L'Imaginaire, Gallimard (1964). [Este lado do paraíso. Tradução de Carlos Eugenio Marcondes de Moura. São Paulo: Cosac & Naify, 2003].

por Boni & Liverigh nos Estados Unidos. *In our time* foi notado em seu país como o primeiro livro de um escritor sério.

Fisicamente, os dois homens não têm nada de semelhante. Se tivessem de se enfrentar — Deus os livre — num ringue, os empresários que fossem avaliar os adversários na véspera do combate teriam registrado: para Hemingway, 1,80 m e 85 kg; para Fitzgerald, 1,70 m e 63 kg. Um é moreno e forte; o outro, louro presumido. Um demonstra autoridade indiscutível; o outro, diante do jornalista, *globe-trotter* e ex-combatente, ferido de guerra, parece canhestro. Complexado, confessa ele, por jamais ter sido selecionado para a equipe de futebol da universidade de Princeton, e por não ter combatido na Europa. Foi, talvez, guiado por um sentimento de inferioridade e por uma espécie de inibição, que Fitzgerald, intimidado naquela noite por Hemingway, faz perguntas tão incongruentes quanto: "Você dormiu com sua mulher antes de se casarem?"

Estranho encontro o de dois dos maiores escritores americanos; um qualificado então de cronista da era do jazz; o outro, de suposto inovador do romance americano.

Hemingway não ignora o renome do escritor Fitzgerald. Ele se lembra dos contos dele, publicados no *Saturday Evening Post*, numa época em que o semanário recusava os seus. Sua noiva, Hadley, ao ler *Este lado do paraíso*, louvava "o ritmo cheio do entusiasmo da juventude" daquele primeiro romance; o que não devia deixar de incomodá-lo. Ao recusar qualquer compromisso editorial que pudesse prejudicar sua reputação de autor sério, Hemingway, apesar das dificuldades financeiras, considera que esse é o preço de seu valor como escritor. O sucesso das obras de Fitzgerald na vanguarda parisiense torna-o suspeito aos olhos do futuro autor de *O sol também se levanta.*

Provavelmente Hemingway não ignora que Fitzgerald leu seus *Three stories and Ten Poems* e a primeira versão *In Our Time*, cuja leitura Edmund Wilson — um dos maiores críticos dos Estados Unidos — lhe recomendou em 1924, depois de tê-lo resenhado num artigo elogioso do *Dial.* Fitzgerald apressou-se então a comentar com Perkins, seu editor na Scribner's, as reais qualidades do livro, sublinhando que o autor, jovem americano vivendo em Paris, publicava textos na *Transatlantic Review.* Elogios desinteressados, tanto mais que ele nunca se encontrara com Hemingway. Freqüentemente caçador de clientes para Scribner's, Fitzgerald fica consternado ao saber que Hemingway assinara para três livros com Boni & Liveright. Em dezembro de 1924, ele escreve a Perkins para lhe dizer que ele chegava tarde demais para se apropriar de Hemingway. Ele o estimula a assinar com Gertrude Stein e a encomendar uma tradução da obra póstuma de Raymond Radiguet, *O baile do Conde d'Orgel.*[4]

A 12 de maio de 1924, Zelda e Scott Fitzgerald alugam um apartamento mobiliado no quinto andar — sem elevador — de um edifício no número 14 da rue de Tilsitt, esquina com a avenue de Wagram, perto do Arco do Triunfo. O mobiliário, falso século XVIII, a higiene duvidosa do lugar, a dificuldade de Zelda para encontrar empregados não ajudam a melhorar a opinião detestável que tiveram da França e dos franceses quando de uma primeira viagem à Europa, em 1921.

---

[4]Radiguet, Raymond. *Com o diabo no corpo; O baile do conde d'Orgel.* Tradução de Maria Ignez Duque Estrada. Rio de Janeiro: Contraponto, 1995. (*N. da T.*)

Naquele ano, depois de terem vivido na Inglaterra momentos deliciosos, a França lhes pareceu bem "decepcionante e enfadonha". Em carta a Edmund Wilson, Scott diz coisas ofensivas sobre um país que se recupera com dificuldade de uma guerra sangrenta: "Que pena que a América e a Inglaterra não tenham deixado a Alemanha invadir a França"; seguiam-se afirmações odiosas sobre o declínio da cultura francesa. Seu amigo Wilson lhe responde então cruamente que ele estava tão impregnado dos costumes e dos hábitos americanos que não poderia compreender, nem apreciar, a superioridade das instituições francesas. Acerbo, acrescenta: "Os animais inferiores morrem quando são colocados num ambiente novo."

Na França, Scott decide terminar seu *Gatsby*, morando ou em Paris ou na Côte d'Azur.

Depois da conversa extravagante no Dingo da rue Delambre, Fitzgerald e Hemingway se encontram na Closerie des Lilas. Scott convenceu Ernest de que tendo comprado um carro, ficaria encantado se ele aceitasse acompanhá-lo a Lyon, para buscar seu Renault em conserto numa garagem da cidade.

A idéia da viagem entusiasma Hemingway. Hadley, como boa esposa, fica encantada com esse interlúdio que permite que Ernest se distraia um pouco de seu trabalho.

As peripécias começam na gare de Lyon. Scott, de posse dos bilhetes, não comparece ao encontro. Ernest sobe a bordo do trem e o procura em vão. Scott pegou a composição seguinte. Depois dos imprevistos de uma viagem muito fitzgeraldiana, finalmente eles se encontram em Lyon.

Numa carta a Ezra Pound, Hemingway contou o périplo através da Côte d' durante o qual eles não perderam, diz ele, nenhuma safra, entre Montrachet e Chambertin.

Zelda tinha mandado retirar a capota estragada do carro e recusava-se a mandar substituí-la, a pretexto de detestar carros fechados. Quando deixam Lyon, a chuva começa a cair, e nossos viajantes, não tendo levado capas, abrigamse em botequins encontrados ao acaso do caminho; pausas para matar a sede, durante as quais também se abastecem de garrafas para a estrada. No carro, Scott, excitado por beber no gargalo pela primeira vez, tem a impressão de se avinhar como um beberrão. Sua hipocondria crônica não deixando de angustiá-lo, ele interroga sem parar Ernest sobre os sintomas de diversas doenças. O "bom doutor" Hemingway prescreve então a seu paciente um remédio eficaz para lutar contra o mal: beber um bom gole de *mâcon*.

Eles guardarão uma excelente lembrança daqueles instantes vinícolas e chuvosos. Alguns anos mais tarde, Hemingway planejará realizar uma nova virada com Fitzgerald num conversível, pois a lenda do carro sem capota continuará sendo para eles um assunto recorrente de brincadeira.

Foi inútil ter abandonado Nova York e os fins de semana de farra em Long Island para ir buscar na Europa "um novo ritmo de vida", quando, com as amizades feitas em Paris, ele passa um *"Summer of 1 000 parties and no work"*. Ele freqüenta os coquetéis, embriaga-se com Hemingway nos bares e nos cafés da margem esquerda. Testemunhas afirmam tê-los visto muito acesos depois de uma noite de bebedeira: detalhe, como muitos outros, dissimulado por Hemingway em *Paris é uma festa*. Lendo-o, Fitzgerald é apenas um beberrão, permanentemente embriagado, enquanto ele, muito mais sóbrio e ponderado, controla a situação e limita os excessos dos finais de festa.

Em 1925, as relações entre Gertrude Stein e Hemingway ainda são esplêndidas. Quando se conheceram em maio de 1922, a viva simpatia que sentiram um pelo outro levara Ernest a pedir às senhoras da rue de Fleurus para serem as madrinhas de seu filho Bumby. Hemingway soube aproveitar as opiniões pertinentes de Gertrude Stein tanto sobre os textos que ele lhe submetia, quanto sobre sua carreira de escritor. Ao aconselhá-lo a abandonar o jornalismo para se dedicar à escrita, ela pressentia o sucesso para aquelas narrativas "sem truque ou trapaça" do autor de *Por quem os sinos dobram.*[5]

"Ezra tinha razão uma vez em duas. Gertrude não se enganava nunca", diz Hemingway a seus amigos.

Foi animado por um sentimento de reconhecimento que ele contribuiu para a publicação de trechos de *The Making of Americans* na *Transatlantic Review*, onde ocupa o cargo de secretário de redação. Foi ele quem levou à casa dela os escritores americanos exilados: John Dos Passos, Archibald e Ada MacLeish, Donald Ogden Stewart, Nathan Asch, Ernest Walsh, Evan Shipman e depois Scott e Zelda Fitzgerald no mês de maio de 1925.

Os Fitzgerald são recebidos calorosamente na rue de Fleurus. Scott oferece a Gertrude e a Alice um exemplar de

---

[5]Hemingway, Ernest. *Por quem os sinos dobram.* Tradução de Luís Peazé. Rio de Janeiro: Bertrand Brasil, 2004. (*N. da T.*)

Gatsby. Logo no dia 20, Gertrude lhe escreve de sua casa de Belley, no Ain: "Lemos sua obra; é um bom livro." Também ela gosta daquele modo de escrever frases simples acessíveis a todos. Um julgamento de valor por parte dessa escritora exigente, da qual os textos, em sua maioria, de progressão lenta e repetitiva, só são apreciados por leitores iniciados.

Alguns jovens anglo-saxões ricos gravitam em torno de Gertrude Stein: aquela "geração perdida", como ela nomeia indistintamente o grupo de futuros poetas e escritores, descobre a Côte d'Azur, sua *dolce vita*, seu *farniente* ensolarado, a vida fácil que favorece uma troca benéfica naquela França que tenta esquecer, na paz reencontrada, os dias sombrios da Grande Guerra.

Sara e Gerald Murphy chegaram a Paris em 1921. "Um casal de ouro", como os chama a atriz Marian Seldes. São abastados, belos, elegantes, cultos e talentosos. O gosto pelas artes levou-os a se expatriarem para a Europa. Casaram-se, a despeito das reticências da parentela cujo nível de fortuna desigual engendraria, na sociedade protestante, problemas de casta social. Eles decidem viver à própria maneira na França. Instalam-se com os três filhos no hotel Beau Site, no 4 da rue de Presbourg, depois mudam-se para um apartamento próximo da Étoile e do bois de Boulogne, no número 2 da rue Greuze. A renda anual de 7 mil dólares[6] de Sara, proveniente da partilha da fortuna paterna entre os filhos, e a taxa de câmbio vantajosa lhes permite, sem serem ricos, viver bem. Antes de Paris, estiveram na Inglaterra, onde Gerald, destinando-se

---

[6]Sete mil dólares valem 350 mil francos de 1924.

ao paisagismo, desejava ver e estudar os jardins ingleses. Porém, cedo levado pelo turbilhão parisiense, desiste, para participar da renovação das artes

Quando Scott e Zelda os encontram, eles já são parisienses há três anos. Muito engajados no meio cultural da capital, participam das manifestações e das atividades da vida artística daqueles anos decisivos para a elaboração da arte do início do século XX.

14

Para Hemingway, os Murphy são "pessoas formidáveis". Archibald MacLeish proclama deslumbrado que eles dão um brilho à vida, enquanto Donald Ogden Stewart maravilha-se diante daquele príncipe e daquela princesa de conto de fadas. Fascinado, Fitzgerald tentará traduzir o indizível glamour deles em *Suave é a noite*.[1]

No outono de 1921, durante um passeio matinal, Gerald pára por acaso diante da galeria Rosenberg, na rue La Boétie. Diante dos quadros de Georges Braque, Pablo Picasso, Juan Gris, ele leva um susto e fica paralisado. Sente, de imediato, uma profunda empatia por suas formas e cores. Perturbado, diz a Sara: "Se a pintura é isso, é o que eu quero fazer." Trocando os jardins recreativos por aquele mais secreto do ateliê, Gerald inicia uma carreira de pintor. Vai dedicar-se a ela por nove anos e a interromperá tão repentinamente quanto a iniciou.

---

[1] Fitzgerald, Scott. *Suave é a noite*. Tradução de Marcos Santarrita. Rio de Janeiro: Casa Jorge, 2001. (*N. da T.*)

Os primeiros rudimentos teóricos e técnicos lhe são oferecidos por Natalia Gontcharova[2] em seu ateliê da rue Jacob onde ela lhe inculca os princípios da pintura moderna fundados numa concepção abstrata das formas. Depois de alguns meses, sua pintura evolui, alcançando um estilo pessoal no qual a união da abstração e do realismo leva a pensar na pop art americana dos anos 1960. Grandes formatos, cores saturadas chapadas, uma reprodução escrupulosa de objetos usuais são características de seus trabalhos cuja realização exige vários meses por causa dos inúmeros esboços e da lentidão da execução. No salão dos Independentes de 1923, sua tela *Razor*,[3] composição de três acessórios de uso cotidiano: barbeador, caneta, caixa de fósforos, é uma composição cuja feitura precisa e refinada parece antecipar o hiper-realismo. Fernand Léger, ao apontá-lo como o único pintor americano em Paris, subentende que Murphy é o único artista que oferece uma réplica americana para a pintura moderna francesa.

Os centros de interesse são tantos na Paris daquela época que os Murphy não param de sair para assistir a todas as criações, as dos artistas estrangeiros dominados pelos russos Stravinski e Diaghilev, os espanhóis Picasso e Miró, os escritores americanos Ezra Pound e Hemingway. Os convites são diários: um concerto do grupo dos Seis[4] — jovens composi-

---

[2]Natalia Gontcharova (1881-1962), com Mikhail Larionov, de quem é companheira, anima o raionismo, movimento que preconiza uma representação poética da natureza. Colaboradora de Diaghilev para os Balés russos, ela realiza os cenários das *Núpcias* de Stravinsky.

[3]*Razor* [Barbeador], pintura sobre tela, 81,28 X 144 cm (1922), museu de Arte Contemporânea de Dallas, um dos dez quadros executados entre 1922 e 1930 por Gerald Murphy em seu ateliê no número 69 da rue Froidevaux.

[4]Criado em 1918, reúne os compositores franceses Auric, Durey, Honegger, Milhaud, Poulenc, Tailleferre, patrocinado por Jean Cocteau.

tores reunidos em torno de Erik Satie —, uma das "Noites de Paris" do conde de Beaumont, sem esquecer a criação de uma peça de teatro, a estréia de um balé, assim como exposições de pintores por Vollard ou Rosenberg. Eventos bem parisienses nos quais se encontra o *tout-Paris* e onde a sociedade elegante se reconhece.

Os Murphy assistem a todos os ensaios do balé *Núpcias*, de Stravinsky, para o qual Gontcharova pintou as telas de fundo representando alguns detalhes de um interior camponês russo.

Para a primeira representação no La Gaîté Lyrique, a 13 de junho de 1923, sob direção de Ernest Ansermet, George Balanchine, jovem dançarino e coreógrafo, vem de Moscou; Dos Passos e cummings estão na sala assim como Scofield Thayer, o redator-chefe do *Dial*, Jean Cocteau, Blaise Cendrars, Pablo Picasso, Darius Milhaud...

Se o sucesso de *Núpcias* cabe à princesa de Polignac, sua financiadora, ele se deve igualmente à participação ativa dos Murphy. Para agradecer a todos os artistas e amigos associados ao triunfo do balé, Gerald e Sara os convidam para participar de uma festa excepcional. A procura de um lugar original para organizar a noite de gala lhes dá muito trabalho. Começam enfrentando uma recusa descortês do diretor do circo Medrano; ele foi surpreendente, e sem apelação: "O circo Medrano ainda não é colônia americana." Despachados, os Murphy finalmente encontram uma barcaça-restaurante ancorada perto da ponte da Concorde, para domingo, 17 de junho, depois da primeira representação no Théâtre des Champs-Elysées. Desde as 19 h, Igor Stravinsky, o convidado de honra, se agita na sala de jantar para instalar aproximadamente quarenta convidados, todos eles as mais representativas personalidades da arte moderna: Pablo Picasso, Darius Milhaud, Jean Cocteau, Ernest Ansermet, a compositora Germaine Tailleferre, a pianista Marcelle Meyer, Natalia Gontcharova e seu companheiro Mikhail Larionov, Tristan Tzara, Blaise Cendrars, Scofield Thayer. Gerald fica honrado; ele se senta à direita da princesa de Polignac.

Durante o jantar, intermédios musicais, tocados ao piano por Ernest Ansermet e Marcelle Meyer, se sucedem às coreografias dançadas por quatro bailarinas e duas dançarinas do corpo de baile, enquanto Jean Cocteau, usando uniforme de capitão, passeia pela ponte metendo a cabeça pelas escotilhas para anunciar com voz lúgubre: "Estamos afundando." É somente ao amanhecer de um dia um pouco cinzento, depois das enormes libações de champanhe da noite, que se despedem. Todos se lembrarão de uma festa gravada para sempre nos anais dos Balés russos.

Depois dessas festividades, os Murphy partem para a Côte d'Azur. Cole Porter os fez descobrir o encanto da Riviera, naquele tempo deserta, durante o verão. Em Antibes, eles adoram o calor dos belos dias, o frescor das noites, a cor de ametista da água, a pequena praia de La Garoupe e seu leito de algas. São os únicos que vão se banhar ali. Eles adotam aquele éden e convencem o proprietário do pequeno Hotel du Cap, onde se hospedaram, a permanecer semi-aberto depois de 1º de maio, data do fechamento da estação.

A tribo Picasso vai visitá-los naquele verão e decide alugar uma casa próxima do hotel. Pablo está rodeado pela mãe, a *señora* Maria Ruiz, a bela Olga Koklova, bailarina dos Balés russos, sua esposa desde 1918 e mãe de seu filho Paulo.

Sara e Gerald se encontram com eles todos os dias. As reflexões de Pablo sobre os seres, os detalhes do cotidiano, marcados de coisas engraçadas e de mordacidade, encanta-os. Numa manhã, Picasso recebe uma carta de Paris na qual Gertrude Stein lhe diz ter visto um quadro dele, no Rosenberg, que ela amou. Ela lhe pede permissão para trocá-lo pelo famoso retrato dela que ele pintou. Chocados, os Murphy consideram o pedido uma grande malandragem. Picasso, sorrindo, lhes responde: "Sim, mas eu gosto tanto dela!"

Quando, algum tempo depois, Gertrude Stein e Alice Toklas passam por Antibes, os Murphy não podem senão constatar a forte cumplicidade que une Gertrude e Pablo, que ultrapassa em muito a simples afeição.

No fim da estação, Sara e Gerald, que desejam comprar uma casa com jardim, descobrem uma espécie de pequeno chalé situado sob o farol de Antibes. Ele pertence a um oficial francês cujas funções de adido militar no Oriente Médio lhe deixam pouco tempo para cuidar dele. Todos os anos, por ocasião de suas férias, ele planta árvores e plantas exóticas protegidas do mistral por uma colina. Tamareiras, pimenteiras, oliveiras, limoeiros, figueiras proliferam em estado selvagem no perfume dos heliotrópios e das mimosas. Durante dois anos os Murphy vão se empenhar para transformar o pavilhão, que rebatizam de "América".

Depois de terem posto abaixo o telhado pontudo para fazer um terraço — uma inovação na região onde se tem a preocupação de se proteger do sol —, eles adaptam quartos de crianças, pavimentam com lajes de mármore o chão da casa e liberam um pé de tília centenário à sombra do qual terão prazer em fazer as refeições. A casa é mobiliada com mesas de pinho e cadeiras de rotim encontradas nos botequins das redondezas. Gerald pinta-os com cores escuras, compondo um belo contraste com a brancura das paredes. À simplicidade da decoração, buquês de flores colhidas no jardim, dispostos por Sara na sala de estar, acrescentam notas de cores frescas e alegres.

De volta a Paris, durante a reforma do pavilhão, os Murphy passam um inverno movimentado com a colaboração inesperada de Gerald nos "Balés suíços". Enquanto ele trabalha na feitura dos cenários do balé *La création du monde*, Fernand Léger apresenta Murphy a Rolf de Maré, fundador do grupo, do qual Jean Börlin é coreógrafo e primeiro bailarino. Maré sugere-lhe uma abertura para o espetáculo cuja estréia está marcada para 25 de outubro de 1923 no Théâtre des Champs-Elysées.

O argumento do balé de Gerald, inicialmente intitulado *Landed* (O Desembarcado) é abandonado em proveito de *Within the Quota*, uma alusão à limitação da emigração aos Estados Unidos cuja sátira fustiga um pouco o *american way of life*. Gerald é encarregado do argumento e da cenografia: para ele, considerado com freqüência um *playboy* ianque, é a consagração. Dizem que ele é o "americano mais assimilado dos exilados da vida parisiense". Rolf de Maré, deixando a seu encargo a escolha do músico, confia em seu gosto e em sua imaginação para introduzir modernidade, fantasia e humor no espetáculo.

Ao escolher o compositor Cole Porter para escrever a música do balé, Gerald oferece ao amigo a oportunidade de manifestar seu talento um tanto eclipsado pelo alvoroço provocado por seu rico casamento com Linda Lee, jovem beleza da alta sociedade sulista. A partitura jazzística de Cole

Porter,[5] brilhante e espiritual, apela para temas retirados do tesouro dos cantos negros. É sua primeira composição importante antes dos monstruosos sucessos junto ao público da Broadway. Como cenário, Gerald escolheu uma tela de fundo representando uma imensa página de jornal americano, parodiando assim a imprensa de Hearst.[6] Sob o título, vê-se a imagem de um navio ancorado diante do Woolworth Building, cercado de editoriais escandalosos acima dos quais flutua um estandarte que proclama: "Banqueiro desconhecido compra o Atlântico." Quando a cortina se ergue na noite da estréia, Picasso olha a grande tela e sopra ao ouvido de Gerald: "Isso é bonito."

O *tout-Paris* acolhe calorosamente a abertura do espetáculo, apresentado três noites seguidas no Théâtre des Champs-Elysées, como prelúdio a uma longa turnê pelos Estados Unidos.

O argumento de *La création du monde* de Blaise Cendrars, inspirado em sua *Anthologie Nègre* publicada dois anos antes, desenvolve teorias antigas sobre a criação do mundo, bem diferentes do dogma clássico judaico-cristão. Imediatamente seduzido pelo roteiro, Rolf de Maré deseja aproveitá-lo como balé. Pede a Darius Milhaud para compor a música; um universo sonoro inspirado pelos tons afro-americanos da música brasileira. Por sua vez, Börlin estuda meticulosamente filmes e documentários reunidos por Rolf de Maré sobre as danças da África negra, a fim de estabelecer as figuras e os passos de sua coreografia.

---

[5]Cole Porter (1891-1964), autor, compositor de comédias musicais. Combatente nas fileiras da Legião Estrangeira durante a Grande Guerra, ele passa vários anos em Paris. Autor de canções célebres: *Night and Day, Beguin the Beguine...*
[6]William Randolph Hearst (1863-1951). Homem de imprensa americano, criador da imprensa sensacionalista que inspirou a Orson Welles o *Cidadão Kane*.

Quando a cortina do proscênio de Fernand Léger se ergue, três enormes figuras de oito metros de altura aparecem: os deuses da Criação. Graves e hieráticos, impressionantes, são encarregados de anunciar aos primeiros seres humanos que o tempo da fecundação chegou. Por suas inovações musicais, cênicas e coreográficas, as criações dos Balés suíços marcarão época na história do balé da primeira parte do século XX. A Rolf de Maré cabe o privilégio de ter reunido, durante as diferentes estadas de sua companhia em Paris, Claudel, Cocteau, Picabia, Cendrars, Satie, Debussy, Honegger, Milhaud, Léger, Bonnard, De Chirico, René Clair, para "a mais rica e a mais inesperada aventura teatral dos anos 20".

Na primavera de 1924, os trabalhos da vila "América" não tendo sido concluídos, a família Murphy volta a se aquartelar no Hotel du Cap. Alguns amigos estão de passagem: os Picasso, o conde e a condessa de Beaumont. Corre o boato em Paris de que o conde[7] é o modelo do personagem do romance póstumo *O baile do conde d'Orgel*, de Raymond Radiguet, publicado pelas Éditions Bernard Grasset. Honoria, a filha dos Murphy, está bem orgulhosa por acompanhar Rodolfo Valentino[8] à praia de La Garoupe, onde estarão em companhia de Gilbert Seldes[9] e de sua mulher em viagem de núpcias.

No mês de junho, Scott e Zelda Fitzgerald juntam-se aos Murphy na Côte d'Azur. Alugam o pavilhão Marie, em

---

[7]Étienne Bonnin de la Bonninière, conde de (1883-1956), mecenas francês e organizador de concertos e festas particulares. Colaborador de René Blum para os cenários dos balés de Monte-Carlo.
[8]Rodolfo Guglielmi, chamado de Rudolph Valentino (1895-1926), célebre ator americano de cinema mudo (*Os quatro cavaleiros do Apocalipse, O Xeique*).
[9]Gilbert Seldes (1893-1970), crítico literário, romancista, roteirista, diretor do *The Dial*, publica um dos primeiros artigos sobre o *Ulisses* de Joyce nos Estados Unidos.

Valescure, onde assumem o propósito de viver durante o ano. Uma real simpatia nasceu em Paris entre os dois casais. Estabelecer laços de amizade mais estreitos durante os belos dias na Côte enche-os de alegria. Scott vai concluir *Gatsby* enquanto Zelda se deleita na praia onde os jovens aviadores de uma base vizinha lhe fazem a corte. Ela se encanta por um piloto, um bonito rapaz lourinho, Edouard Jozan. Scott, furioso, consegue que ela rompa, o casal fica abalado. Uma viva discussão termina em melodrama. Numa noite, quando rodam de carro ao longo da costa, Zelda desce bruscamente do carro para executar um mergulho do alto de um rochedo dez metros acima do mar, levando Scott, aterrorizado, a imitá-la. Na noite seguinte, os Murphy são acordados pelo pobre Scott, desarvorado e trêmulo, segurando uma vela, que vem avisá-los de que Zelda está muito doente. Na verdade, ela tomou uma grande quantidade de soníferos. Scott, confuso, procurando desculpar-se, afirma que ela não fez de propósito. Durante toda a noite tentaram mantê-la acordada, fazendo-a subir e descer escadas. Infelizmente, o incidente foi apenas o início de uma série de imbróglios lamentáveis durante os quais o casal, cansado de uma vida artificial de extravagâncias desenfreadas, não poderá mais controlar suas depressões e neuroses. Pouco a pouco, o desencanto dará lugar ao desespero e à loucura de Zelda. Gerald freqüentemente se irrita com a puerilidade desarmante de Scott, com a admiração que ele lhe manifesta, com sua grande dependência ao álcool. Talvez um pouco invejoso da elegância, da conduta irrepreensível e da segurança de Gerald, Scott fere, às vezes, seu modelo, por não poder se parecer com ele. A resignação dos Murphy diante dos desvios de conduta dos Fitzgerald comprova o quanto "aquele casal de ouro" soube cuidar da solidão e das feridas secretas do romancista de *The Great Gatsbv* sua obra-prima.

No início do relacionamento deles, os Murphy foram primeiramente seduzidos por Zelda. Só mais tarde descobriram a personalidade e o talento de escritor de Scott, ignorando seu alcoolismo crônico. Eles se acomodaram, então, à opinião de Scott, que afirmava que Zelda e ele eram personagens de seus romances. Assim, Gerald e Sara foram amigos pacientes, atenciosos e fiéis até o fim da estada deles na França

15

Os últimos livros publicados por Three Mountains Press, no mês de janeiro de 1925, foram *Distinguished Air*, três contos de McAlmon sobre o ambiente homossexual de Berlim. Foi uma das últimas obras impressas sob os cuidados de Bill Bird, antes que ele cedesse sua impressora a Nancy Cunard, outra fanática por tipografia. Esses escritos, tão monstruosos quanto patéticos, por vezes cômicos, são, sem dúvida alguma, o livro mais bem sucedido de Robert McAlmon.

O segundo conto, *Miss Knight*, muito apreciado por Pound e Joyce, será traduzido para o francês. Ernest Walsh, na revista *This Quarter*, julga o estilo do autor "whitmanesco" pelo modo de apresentar seus personagens torturados, sem comentários, sem defesa, com realismo e verdadeira desenvoltura. *Distinguished Air* demonstra, diz ele, uma segurança incontestável para tratar de assunto tão delicado.

A morte do mecenas John Quinn em junho de 1924 deixou a direção da *Transatlantic Review* bastante desamparada. Hemingway convenceu Krebs Friend, veterano de guerra, a vir em socorro da revista. Friend casou-se com uma mulher mais do que afortunada, quarenta anos mais velha que ele, cujo objetivo consiste em fazer do marido, diz ela, "um ser humano capaz de funcionar". Ford Madox Ford teme que a virago se aproveite da situação financeira desastrosa da revista para assumir-lhe o controle. No mês de agosto seguinte, Ford vê-se obrigado a lhe vender partes suplementares, o que dá ao casal Friend a maioria da *Transatlantic Company*, editora da publicação. Se Krebs Friend, nomeado presidente, parece em "perfeito estado de funcionamento", sua dominadora, assumindo medidas drásticas de austeridade, desencoraja os animadores da revista. No fim do ano, Ford e Hemingway, frustrados, decepcionados por não terem podido obter um novo financiamento, deixam afundar a *Transatlantic Review*.

No ano seguinte, Krebs Friend vai cometer uma pequena coletânea de poemas, *The Herdboy* (*O boiadeiro*), dedicado a Henrietta, sua venerável esposa, deixando-lhe o encargo de financiar uma edição ilustrada de luxo.

Hemingway terá sido um dos colaboradores mais assíduos das revistas literárias americanas. Sua fama de escritor cresce na medida de sua participação nessas pequenas revistas muito lidas na comunidade dos expatriados, assim como em certos círculos literários da Europa e dos Estados Unidos.

Desde 1922, ele publica contos na *The Double Dealer*; em 1924, na *The Little Review*; em 1925 na *This Quarter*, e em 1927 na *The Exile* e em *transition*. Por fim, em 1929, na *Scribner's Magazine*, aparecerão os primeiros capítulos de *Adeus às armas*.[1]

---

[1]Hemingway, Ernest. *Ádeus as armas*. Tradução de Monteiro Lobato. Rio de Janeiro: Bertrand Brasil, 2002. (*N. da T.*)

Recomendado por Scott Fitzgerald ao *Scribner's Magazine*, sua colaboração, bem-remunerada, lhe dá os meios de viver em Paris para se dedicar à sua obra literária.

No final do verão de 1929, a quebra da bolsa de Nova York preocupa Hemingway. Imediatamente pede a Perkins para mantê-lo a par das vendas de *Adeus às armas*, temendo que elas encalhem na livraria. Perkins acredita estar fazendo bem ao comunicar imediatamente a Fitzgerald um número de venda de 36 mil exemplares e pensa, diz ele, que o livro deveria atingir os 50 mil exemplares, apesar da má conjuntura. Hemingway sente-se humilhado por essas informações passarem por Fitzgerald e não lhe chegarem diretamente. Ele faz questão de exprimir seu arrependimento por se ter mostrado impaciente, mas joga a culpa em Fitzgerald.

"Eu só escrevo quando Scott me provoca" — escreve Hemingway a seu editor —, "e sei que ele o faz porque acha esse tipo de coisa excitante."

Não é essa a opinião de Fitzgerald, que julga sua intervenção descabida. O incidente provoca nova tensão entre os dois escritores e estremece momentaneamente suas relações.

16

Estranha aliança a do cosmético com a literatura. Como é que Helena Rubinstein,[1] mulher de negócios obstinada e emergente, vai conciliar a margem direita burguesa com a boêmia esclarecida de Montparnasse? É embaraçoso imaginar essa mulher, chefe de empresa, tão afastada do campo da literatura, dedicar parte dos lucros de sua poderosa sociedade de cosméticos ao financiamento de uma livraria, da revista *This Quarter*, uma das mais eminentes do momento, e de uma editora de vanguarda. Para essa mulher dominadora que circula no comércio da beleza, esse tipo de atividade não oferece, ao que se pode acreditar, estritamente nenhum interesse (no sentido financeiro do termo), mas, por amor ao marido, Edward Titus,[2] fino letrado, amante de arte, "um incapaz", ela satisfará todas as suas exigências; em troca, ela se beneficiará de seus conselhos para a aquisição de quadros, de objetos de arte e de livros, que representam as mais belas peças de sua fabulosa coleção.

---

[1] Helena Rubinstein (1870-1965).
[2] Edward Titus (1883-1930).

"Madame" — chamavam-na assim, a exemplo do "Mademoiselle" de Coco Chanel — mora em seu palácio particular construído por Le Vau em 1641, no quai Béthune, na ilha Saint-Louis, enquanto Edward Titus vive num apartamento bem modesto, no número 4 da rue Delambre, em cima de sua livraria, a dois passos do Dôme. Ambos são de origem polonesa; ela, menina, fugiu da Polônia com a família para a Austrália; ele, pequenino, vivia com os seus em Nova Orleans. Conheceram-se no início do século XX e se casaram na Grã-Bretanha, onde Helena abre seu primeiro salão, antes de criar o de Paris. Quando chegam a França com os dois filhos, em 1913, não têm tempo de ali demorar. Logo em 1914, partem do país em guerra para os Estados Unidos. Helena Rubinstein vai fazer as mulheres americanas descobrirem o poder da sedução de um rosto maquilado com base, pó-de-arroz, rímel e batom. Seu sucesso marca o início do grupo de cosméticos que levam seu nome, com ramificações mundiais.

Enquanto Madame age nas grandes cidades do Novo Mundo, Titus e os filhos levam uma vida ociosa numa casa de campo de Greenwich (Connecticut), onde bonitas jovens mulheres, recrutadas por Madame, encarregam-se de cuidar de Roy e Horace, seus filhos. Imprudência fatal de sua parte. Em 1916, Edward foge para Chicago com uma das babás. Um erro imperdoável que levará à separação deles.

Possessiva e ciumenta, Madame fica humilhada, mas não rompe o contato com o marido. Fascinada por Titus, não pode deixar de vê-lo e lamenta essa escravidão. Voltam a viver juntos, brigam por causa do olhar de uma mulher ou por uma questão de dinheiro. Agastam-se para melhor se reconciliarem em seguida.

De acordo com os próximos, Edward e os dois filhos terão sido os únicos homens que contaram na vida de Helena.

Edward Titus gasta sem contar em suas atividades literárias; Madame constata a contragosto que é a mecenas de um círculo de escritores cujas obras lhe são absolutamente estranhas.

Depois da publicação muito comentada, em Paris e em outros lugares, dos livros de D. H. Lawrence,[3] de Ludwig Lewisohn, e, em seguida, da edição inglesa das Memórias da bela Kiki de Montparnasse prefaciadas por Hemingway, graças a seu financiamento, ela se espanta: "Como eu poderia saber que esses autores valiam alguma coisa? Jamais tive tempo de ler os livros deles; para mim eram loucos, e eu tinha sempre de pagar suas refeições."

Nenhum dos escritores, por mais célebres que sejam, gozam de seu favor. Todos merecem apenas desdém e desprezo. Seus comentários são ferozes: Joyce não enxerga nada, come como um passarinho e cheira mal; Hemingway é um gritalhão amado pelas mulheres, mas certamente não por ela; D. H. Lawrence é apenas um homenzinho tímido que passa horas olhando para o vazio. Ela se irrita com Titus, acusa-o de dilapidar seu dinheiro com "as ninharias deles, que não podem render coisa alguma".

Titus, estupefato com sua energia, sua combatividade na condução dos negócios, seu caráter tão susceptível quanto brutal, tratando os homens, inclusive os filhos, como seus empregados, prefere retirar-se para longe de seu ruído e de

---

[3]David Herbert Lawrence (1885-1930), poeta e romancista inglês: *Le Paon blanc* [O pavão branco] (1911, *Poèmes d'amour et autres poèmes* [Poemas de amor e outros poemas] (1913, *O amante de lady Chatterley*. Tradução de Fernando B. Ximenes. Rio de Janeiro: Ediouro; São Paulo: Publifolha, 1998.].

seu furor no universo dos livros. Ele abre uma livraria cujo letreiro é sibilino: At the Sign of the Black Manikin [No rastro do manequim negro], não é propriamente uma livraria tradicional, mas antes uma biblioteca de livros raros e uma coleção de tesouros literários. Seu conjunto único de obras sobre direito constitucional destinado aos estudantes é considerado uma das melhores referências. A especialidade americana é outra de suas paixões. Ele coleciona os mais raros objetos e documentos, e também os mais estranhos, como a carta de George Washington, primeiro presidente dos Estados Unidos, pedindo ao seu dentista para lhe consertar um dente postiço. Na especialidade francesa, suas coleções de autógrafos e de manuscritos são prodigiosas. Sua biblioteca reúne as primeiras edições das obras de Verlaine; a tradução do *Corvo* de Poe, assinada por Mallarmé e ilustrada por Manet; o manifesto da Plêiade, a *Défense et illustration de la langue françoise* [Defesa e ilustração da língua francesa], de 1549, suntuosamente encadernada, bem como uma multidão de incunábulos, correspondências, Memórias. "Conversar com Titus é fazer uma viagem ao reino do espírito", disse um familiar da Black Manikin.

Acontece às vezes de alguns visitantes se sentirem particularmente observados em razão de um indício que revela seu mau gosto ou uma pesquisa duvidosa. Esses correm o risco de serem calma e firmemente reconduzidos à porta.

Titus se comporta como um grande senhor tanto em sua livraria quanto fora dela. Freqüentemente desagradável com os importunos e os maçantes, ele detesta os tagarelas que se amontoam nas varandas dos cafés nas proximidades de sua loja. Misantropo, permanece em seu antro como um beneditino nutrido de erudição.

Com os que têm conhecimentos suficientes e autoridade intelectual para enfrentá-lo, Titus pode demonstrar uma cortesia refinada, não hesitando em tirar de suas prateleiras e gavetas os tesouros mais inesperados, e também os mais preciosos. Black Manikin é mais um lugar de encontro para os verdadeiros amantes de arte e para os bibliófilos do que uma simples livraria.

Editor, Titus publica uma pequena obra de poesia de 32 páginas, intitulada *Rococo*, do poeta Ralph Cheever Dunning.[4] Ezra Pound, seu vizinho da rue Notre-Dame-des-Champs, elogia-lhe os méritos em oposição ao julgamento irônico de Ernest Walsh em *This Quarter*. Ele retruca: "Quem não consegue sentir a beleza da melodia de Dunning deveria limitar suas críticas à prosa e deixar os que sabem algo a respeito debater poesia."

Para Joyce, os textos de Dunning são "caduquices", e ele não compreende por que Pound o defende "como se fosse Verlaine". Críticas e elogios deixam Dunning indiferente. Ford Madox Ford o batiza de "o Buda vivo de Montparnasse".

Desde 1905, o enigmático Dunning mora num lugar miserável, número 70, da rue Notre-Dame-des-Champs. Wambly Bald, jornalista da sucursal de Paris do *New York Herald Tribune* — o James Boswell[5] dos exilados de Montparnasse —, depois de ter acompanhado o poeta até sua casa, descreve sua pobre morada: um pequeno cômodo com uma única cadeira, uma estufa, uma cama de campanha e uma pra-

---

[4] Ralph Cheever Dunning (1878-1930), poeta americano.
[5] James Boswell (1740-1795), memorialista e jornalista inglês, freqüentou os clubes literários de Londres onde conheceu Samuel Johnson. Para André Gide, seu *Diário*, publicado em 1951, pode ser comparado ao de Samuel Pepys.

teleira com livros. Durante o dia, Dunning se instala num café diante de um copo de leite quente, imperturbável, um livro aberto diante de si. Ele lê em meio à agitação ambiente, sem falar com ninguém; raros são os que conhecem o som de sua voz. Samuel Putnam, assistente de Titus quando este retomará a direção de *This Quarter*, qualificava Dunning de oriental, dando a entender com isso sua irreprimível tendência ao ópio.

O hábito da droga agravará sua obsessão pela morte, com a qual mantém uma paixão perversa há quarenta anos. Ele considerava "a morte a última grande aventura que lhe restava da vida", escreve Putnam em *This Quarter*.

Dunning levará a bom termo seu propósito, recusando qualquer alimento. Antes de sua partida para Rapallo, Ezra, preocupado com o estado em que o amigo se encontrava, entrega a Hemingway uma caixa de ópio com a instrução de entregá-la ao miserável moribundo. Hemingway cumpre a missão, mas o importuno, que foi perturbar a comunhão do poeta com o silêncio, levou uma rajada de garrafas de leite. Quando ele morreu, Pound declarou que Dunning era "um dos quatro ou cinco poetas de nosso tempo".

O segundo livro editado por Black Manikin é obra de Ludwig Lewisohn,[6] ex-jornalista e professor de 47 anos, nascido na Alemanha. Ele chega a Paris em 1925, fugindo da esposa, uma peste, que ele transforma na heroína de seu romance, *The case of Mr Crump* (O destino de Mr Crump). A história de seu conflito conjugal, contada com precisão absolutamente germânica, é escrito num tempo recorde e enviada ao editor americano Liveright. Este a recusa, achando-a

---

[6]Ludwig Lewisohn (1883-1955), escritor americano de origem alemã: *Le destin de Mr Crump* [O destino de Mr Crump] (1929), *Crime passionnel* [Crime passional] (1930).

excessivamente caluniosa. Decepcionado, ele a mostra a Titus que, depois de lê-la, aceita editá-la em quinhentos exemplares. Lewisohn recebe logo no final do ano os primeiros exemplares e os envia a alguns amigos escrupulosamente escolhidos, encantado com a oportunidade de fazer esquecer o insucesso nos Estados Unidos. A acolhida favorável dos líderes de opinião é recebida pelo autor como uma satisfação moral. Porém, depois da euforia, chegam más notícias de Saint-Louis e de Baltimore. O serviço postal americano objeta que a obra infringe o artigo 211 do Código Criminal Federal — regulamento que será invocado para em breve proibir o *Ulisses* de Joyce nos Estados Unidos — e é, portanto, "impostável". Titus divulga a notícia, publicando na revista *transition* um anúncio afirmando que "nada teria impedido *The Case of Mr Crump* de ser mais vendido, exceto o fato de ter sido publicado numa edição de luxo com tiragem limitada a quinhentos exemplares".

Foi a primeira vez que uma obra publicada por Titus se esgotou tão rapidamente. Ludwig Lewisohn dedica seu livro à memória de seus pais e a Thelma Spear, uma cantora que desbancou sua acrimoniosa esposa, mas foi, por sua vez, despachada por uma jovem jornalista.

Em sua resenha, o cronista do *New York Herald Tribune* conclui seu artigo com esta constatação: "A América igualitária não apenas autorizava a união de duas personalidades irreconciliáveis como também considerava qualquer tentativa de dissolvê-la como uma ameaça à moralidade nacional."

No prefácio à reedição de *The Case...*, em 1931, Thomas Mann retoma esse tema e adverte os europeus, pouco atentos ao problema levantado pelo livro de Lewisohn — eles crêem talvez, erradamente, que seu bom senso é mais evoluí-do que o dos americanos.

Para concluir, Thomas Mann escreve que *The Case of Mr Crump* "estenderá sua influência para além-Atlântico e contribuirá para a europeização da América que deverá contrabalançar nossa americanização tão discutida, o que é de fato a aspiração dos melhores americanos de nosso tempo".

Em 1927, Titus deseja publicar uma versão inglesa de *Der Reigen* (A Ronda), peça licenciosa de Arthur Schnitzler. Ele a traduz com a ajuda de Lily Wolfe, uma das duas encantadoras jovens contratadas para acompanhar as atividades das edições Black Manikin. Ele encarrega a outra, uma bela polonesa chamada Polia Chentoff, pintora e escultora, de ilustrar dez capítulos galantes do livro. Colaboração de alto risco, pois Madame pode farejar a qualquer momento o manejo, notadamente quando ela sai em perseguição além do perímetro da rue Delambre.

A esse respeito, Manuel Komroff[7] conta o papel que Titus o fez representar num autêntico esquete de vaudevile:

"Um dia, eu estava por acaso na Closerie des Lilas, no fim de Montparnasse [...] a quatro ou cinco metros da loja Black Manikin. Era de noite e, pouco depois de eu ter chegado, notei que Titus estava instalado no outro lado do café, com uma bela jovem, Polia Chentoff. Eu estava sozinho. Eles me fizeram sinal com a mão, e eu lhes retribuí. Mas nem por isso eles pararam de me fazer sinal. Continuavam a apontar para a mesa deles, indicando que desejavam que eu fosse ter com

---

[7]Manuel Komroff (1890-1974), crítico literário e escritor, autor de *The Voice of fire* [A voz do fogo] e de *Coronet* [Diadema].

eles. Resisti até que os sinais se tornaram desesperados, e eu acabei indo juntar-me a eles, levando minha bebida. Titus me cochichou então ao ouvido que, se desejava minha presença, era porque Mme Margot (Helena Rubinstein) acabara de entrar no café com uma amiga, e ele não queria ser visto sozinho em companhia de uma bela dama."

Com uma piscadela maliciosa dirigida a Komroff, Titus, ao elogiar as ilustrações de Polia Chentoff no release contido na edição de *La Ronde*, alude à sua "arte consumada".

A publicação clandestina de *O amante de Lady Chatterley* valeu a Titus uma bela confusão midiática. A apologia do amor físico, escrita com realismo e franqueza por D. H. Lawrence, provoca escândalo e divide a opinião. Jornais e revistas dedicam páginas inteiras àquela "luxúria de ociosidade" (Aldous Huxley). Contudo, no momento, a atenção de Titus se concentra num manuscrito diferentemente dominado de simplicidade e candura: as confusas Memórias de Alice Prin. Originária da Borgonha, eleita rainha de Montparnasse, é mais conhecida pelo nome de Kiki. Modelo — às vezes mais — de Soutine, Modigliani, Kisling, Utrillo, Foujita, Per Krogh e Man Ray, que deixou dela fotografias de nus radiosos.

Havia dois anos que Titus pressionava Kiki a escrever suas memórias. Mais inclinada, porém, às promessas do que aos resultados, foi somente ao ser pressionada por Henri Broca,[8] seu namorado do momento, que redige alguns magros capítulos "ágeis e simples" que serão publicados sob o título de *Les souvenirs de Kiki* [As lembranças de Kiki], com prefácio de Foujita.

---

[8]Henri Broca (falecido em 1935), caricaturista, editor de *Paris-Montparnasse*.

Assim como Kiki, Henri Broca não teve uma infância dourada. Depois de ter exercido as mais diferentes profissões, é notado pelo escritor André Dahl que o introduz como ilustrador no *Soir* e no *Petit Journal*. Ele edita, em 1926, um álbum com seus desenhos sobre os personagens mais marcantes de Montparnasse, e, posteriormente, funda *Paris-Montparnasse*, publicação mensal na qual são contadas as histórias do bairro durante os Anos Loucos. Associado a Man Ray, ele se encarrega de todas as tarefas do jornal, da redação à publicidade.

No número de abril de 1929, eles anunciam que Kiki escreveu Memórias a serem publicadas nas éditions de Paris-Montparnasse. Além da edição normal, uma tiragem de duzentos exemplares de luxo, numerados, será posta à venda a 25 de junho quando do lançamento organizado por Broca, no Falstaff, bar no número 42 da rue du Montparnasse, onde reina agora Jimmie Charters, ex-barman do Dingo. Enquanto Kiki autografa o livro, o *tout*-Montparnasse festeja o acontecimento com champanhe. Uma segunda noite de autógrafos acontecerá a 26 de outubro na livraria Edouard Loewy, no boulevard Raspail. A edição européia do *Chicago Herald Tribune* relata a recepção: "Kiki beijava todos os visitantes no sábado à noite. A fila começou a se formar por volta das nove horas diante de uma livraria do boulevard Raspail. Quando se espalhou no bairro a notícia de que por trinta francos se poderia ter um exemplar de *Les souvenirs de Kiki*, um autógrafo e ainda por cima um beijo, os homens esqueceram cerveja, encontros e dignidade para irem até lá a galope."

Se por um lado a publicação das Memórias de Kiki e a edição de *Paris-Montparnasse* oferecem a Broca uma glória efêmera, por outro, sua saúde periclita, e ele se enfraquece por acompanhar, numa vida frívola e dissoluta, a animação infatigável de Kiki. Extenuado, ele tem de partir para repousar na montanha.

O sucesso do livro leva Titus — ele se outorgou o mérito de lhe ter aconselhado a escrever suas Memórias — a pensar numa edição inglesa. Para dar mais consistência à obra, Kiki oferecerá umas vinte páginas suplementares, e Putnam[9] se encarregará da tradução. Ele acabara de passar anos traduzindo Rabelais, uma obra de longo fôlego que lhe exigiu um trabalho colossal. Traduzir Kiki não lhe dava medo. Mas ele ignora que Titus pediu um prefácio a Hemingway. Depois da leitura do original, declara que traduzir Kiki é um crime e que tradutor algum poderá reproduzir a gozação do texto original. Ele conclui com uma evasiva, aconselhando os leitores a aprender francês.

Putnam percebe que não é apenas o texto que é necessário traduzir, mas a própria Kiki; reconstituir a atmosfera do "café do Dôme na madrugada de um dia chuvoso, pesado de álcool e de cansaço". Mas isso não lhe parece suficientemente conclusivo. Ele vê de preferência Kiki materializando-se em santa Teresa — a semelhança lhe parece evidente —, uma santa Teresa para quem ele será são Jerônimo, o santo patrono dos tradutores. Mas para tornar Kiki autêntica em inglês, as luzes do bem-aventurado tradutor da Bíblia serão suficientes? A qualidade mais evidente da prosa de Kiki é a "clareza", segundo Putnam, e sem rodeios ele a compara à dos grandes clássicos franceses. Apesar das dificuldades encontradas, ele diz ter suportado a hostilidade manifestada contra sua iniciativa, mas considera tê-la cumprido com veneração.

---

[9]Sam Putnam (1892-1950), jornalista, crítico literário do *Chicago Evening Post* e, posteriormente, diretor adjunto de *This Quarter* quando Titus reassume a revista em 1929.

A consideração que cerca a modesta obra da mascote de Montparnasse surpreende se se compara a amplitude dada à sua publicação com a humildade de seu tradutor. Na introdução, Putnam pede que o leitor o desculpe pelos erros que tenha cometido — inclusive o de ter realizado a tradução —, pede perdão a Deus, a Kiki e, se esses dois o concederem, ao próprio Hemingway.

No prefácio, Hemingway exprime sua admiração pela beleza de Kiki. Declara que gosta de tudo nela: seu rosto, seu corpo, sua voz — quando fala e quando canta — e de seu estilo bem diferente do das senhoras escritoras da época. Para ele, *Les souvenirs de Kiki* é um dos melhores livros que leu desde *The Enormous Room*, de cummings. Bajulador, não teme as apreciações audaciosas ao compará-la com outro personagem ilustre, a rainha Vitória, afirmando que "Kiki tinha reinado nos anos 1920/1930 mais completamente do que a rainha Vitória na época que leva seu nome". *Shocking*, não?

Apesar das chicanas que opuseram Putnam a Hemingway, Titus fica encantado com a versão inglesa de *Les souvenirs de Kiki*, com o magistral prefácio de Hemingway e com a interpretação perfeita da linguagem zombeteira de Kiki em inglês.

A tradução de Putnam representa um trabalho enorme, e Titus pensa que são Jerônimo teria apreciado "a familiaridade sem afetações da versão inglesa". Impresso em papel de boa gramatura nas prensas de Darantière em Dijon, a publicação é apresentada em grande formato, ilustrada com umas vinte obras de Kiki e fotos da autora por Man Ray, bem como retratos assinados de Kisling, Foujita, Hermine David, Mayo e Tonio Salazar. Um álbum de lembranças, um testemunho nostálgico de uma época em declínio.

Wambly Bald, em crônica da edição parisiense do *New York Herald Tribune*, teme o dia em que Kiki, transfigurada em personagem de lenda, deixará de ser uma filha de Eva para a qual viver é tão simples quanto respirar, e agradece a Putnam por ter evitado este escolho em sua tradução.

Os ecos desse episódio montparnassiano não apresentam nenhum interesse para Fitzgerald. Ele, tão pouco envolvido com seus confrades, com a vida e com os movimentos literários dos escritores americanos exilados em Paris, dignou-se arrastar-se até a rue de Fleurus onde Hemingway insistia em apresentá-lo a Miss Stein.

"Você cria o mundo contemporâneo tal como Thackerey em *Pendennis*[10] e em *Vanity Fair*,[11] e isso é um elogio significativo" — disse-lhe Gertrude Stein durante a visita. Se esses elogios lisonjearam Scott, nem por isso ele se tornou um de seus turibulários. Ele considera suas obras — a exceção de *Three Lives* — como algo "afetado". Desejando que ele conhecesse outros exilados, Hemingway apresentou-lhe também McAlmon. Este, com inveja do sucesso dos dois compatriotas, pensa em desconsiderá-los, espalhando o boato de que são homossexuais.

Excetuando-se as excelentes relações que sempre manteve com Sylvia Beach, Fitzgerald permanece insensível às escaramuças que agitam as panelinhas americanas de Montparnasse. Seu nome não aparece nos sumários das revistas. Consciente de ser a partir de então mestre de sua técnica e

---

[10]*The History of Pendennis* (1850) de William Makepeace Thackeray (1811-1863).
[11]*Vanity Fair* (1848): obra representativa do romance inglês do século XIX.

dos temas de seus romances, prefere considerar-se um turista. Falando mal francês, indiferente à literatura, à música e às artes de Paris, suas preferências se voltam mais para os bares (americanos) da margem direita, para os do Ritz e do Crillon, e para os cabarés de Montmartre.

Desconfiado, continua convencido de que o pessoal quer extorqui-lo. Mas quando está bêbado, esbanja e tira do bolso maços de notas, distribuindo gorjetas miríficas, que garçons e mensageiros nunca mais receberam desde o desaparecimento de Marcel Proust. Ele janta de preferência no Ciro's, no Reine Pédauque ou no Foyot, os restaurantes mais célebres da época.

Suas excentricidades são incontáveis; fazem parte de sua lenda. Assim acontece no Voisin, prestigioso restaurante no número 261 da rue Saint-Honoré, que viu Théophile Gautier sentar-se à mesa acompanhado da Païva, os Goncourt, Alphonse Daudet, Émile Zola para degustar as famosas especialidades: filé de linguado e galinha gorda. Um belo dia, Scott Fitzgerald pede ali um sanduíche e insiste para ser servido.

Numa noite, ele salta inteiramente vestido na piscina do Lido; de outra vez, pegando um triciclo, roda em torno da place de la Concorde perseguido por policiais; numa tarde, no bar do Ritz, em companhia de Hemingway, então bastante embriagado, fica fascinado por uma mulher encantadora que acaba de entrar acompanhada de um homem bem grotesco. Desejando conhecê-la, Scott manda o mensageiro buscar um ramo de orquídeas e entregar a ela com um bilhete propondo um encontro. Sem nem mesmo olhar para as flores, a dama, com gesto desdenhoso, as recusa. Desapontado, Scott recupera o ramo e meticulosamente arranca as pétalas uma a uma e as come sem tirar os olhos da bela. O mais surpreendente, diz Hemingway, foi que naquela noite a dama compareceu ao encontro marcado por Fitzgerald. Desde então, o "golpe da orquídea" entrou no catálogo das facécias fitzgeraldianas.

No mês de julho seguinte, Scott e Zelda são convidados por Edith Wharton para tomar chá na pequena casa de veraneio de Saint-Brice-sous-Forêt, perto de Montmorency. Ela leu *O Grande Gatsby*, agradeceu-lhe a dedicatória, cumprimentou-o pelo desenvolvimento de sua arte, fazendo, simultaneamente, ressalvas sobre a conclusão do romance.

Zelda recusou o convite, pretextando não querer ser tratada com condescendência por aquela grande dama. Scott foi então a Saint-Brice acompanhado pelo jovem compositor americano Theodore Chanler.[12]

Única testemunha da entrevista, Chanler desmente que Scott tenha chegado bêbado à casa de Mrs Wharton, como alguns o afirmam, embora tenha parado nos botequins durante o caminho. Fitzgerald, muito mundano, faz mil agrados à anfitriã, e pede autorização para contar a aventura que aconteceu com aquele casal de americanos que, ao desembarcar em Paris, por descuido, passou os primeiros momentos de sua estada num bordel. O picante da história tendo lhe escapado, Mrs Wharton pergunta: "E então, o que eles fizeram?"

A pequena recepção era tão pomposa, tão entediante, segundo Chanler, que Scott tentou dissipar o clima pesado e convencional com aquela historinha. Ele desmente as alegações de Scott, segundo as quais Mrs Wharton teria mandado que seu pessoal o surrasse por ele ter-lhe faltado ao respeito.

---

[12]Theodore Chanler (1902-1961), compositor americano de música profana e religiosa.

17

Como a maioria dos escritores, Scott Fitzgerald tem suas receitas para cativar a página em branco. Em Paris, ele se levanta às onze horas, mas só começa a trabalhar às cinco da tarde. Pretende escrever até as três da manhã. Mas passa a maior parte das noites fora, fazendo a ronda dos bares e dos botequins, e perde, ao longo das horas, todo o *self-control*. Chega uma noite ao *New York Herald Tribune* em avançado estado de embriaguez, precipita-se para o escritório dos redatores, joga fora o texto pronto para a composição, rasga-o, cantando aos berros, e exige que os jornalistas façam coro com ele, até o momento em que cai, desacordado. Naquela noite, Eugene Jolas[1] e dois amigos o levam de volta para a rue Tilsitt. Aparentemente, seu incontestável encanto e seu talento livraram-no da inimizade dos amigos freqüentemente encarregados de se desembaraçar de situações delicadas nas quais sua conduta inconsciente os encurrala.

---

[1] Eugene Jolas (1894-1952), editor, diretor da revista *transition* (escreve-se com t minúsculo).

No mês de agosto daquele ano, os Fitzgerald se encontram com os Murphy, seus amigos, em Cap d'Antibes. Scott tem em mente o projeto de um romance. Ele escreve a John Peale Bishop, seu condiscípulo de Princeton, que não há ninguém em Antibes e que, fugindo do mundo, ali se pode viver como selvagem. Entretanto enumera os amigos e conhecidos reunidos em torno dos Murphy: Esther, irmã de Gerald, Mistingued, Dos Passos, os MacLeish, Étienne de Beaumont e muitas outras personalidades americanas convidadas por Sara e Gerald ao pavilhão americano. É isso o que Scott chama de fugir do mundo e viver com o selvagem.

Gerald transformou a cabana do jardineiro em ateliê e ali trabalha todos os dias — ele exporá naquele inverno no salão dos Independentes de Paris uma tela de 2mx2m, "miniatura em escala gigante", figurando os mecanismos de um relógio. Um pequeno castelo da propriedade é restaurado e arrumado, e batizado de casa dos convidados. Os Murphy estão satisfeitos por terem concluído a instalação e por verem os três filhos crescer na harmonia familiar. O "casal de ouro" parece estar decidido a viver feliz.

O romance que ronda a cabeça de Scott, durante o verão de 1925, é a história trágica de um rapaz neurótico que viaja pela França com uma mãe possessiva que ele acaba por matar. A 28 de agosto, ele escreve a Perkins, seu editor, sobre os diferentes temas que pretende explorar. Refere-se, notadamente, a um recente caso criminal — uma moça de São Francisco que assassinou a mãe. Ele pensa na deplorável história de seu condiscípulo de Princeton, Walker Ellis. Este, depois de ter abandonado o direito pelo palco, fracassa lamentavelmente: um caso trágico de degradação muito fitzgeraldiana.

Ele medita no caso de Clyde Griffiths, o herói preso numa armadilha do romance de Theodore Dreiser. Pensa também em Theodore Chanler, o jovem músico que o acompanhou à casa de Edith Wharton; aquele que, enojado da vida absurda que leva na França, decide romper com os amigos e mergulha em profunda depressão.

Scott não trabalhou nesse romance antes de 1926. Rascunhos, manuscritos e datilografados o comprovam. Três capítulos contam como um rapaz do Sul, Francis Melarki, viaja com uma mãe tirânica pela Côte d'Azur. Depois de ter tido diversas aventuras, sobre as quais nos diz pouca coisa, Francis, de temperamento colérico, suportando cada vez menos a autoridade possessiva da mãe, mata-a.

Os Fitzgerald estão de volta a Paris em setembro de 1925. Scott resume no *Registre* — caderno de bordo no qual anota brevemente os acontecimentos marcantes de sua vida, e por vezes sua contabilidade de autor: "1925, o ano da doença de Zelda e de sua depressão. Álcool, preguiça e os Murphy." A saúde de Zelda o atormenta. Vítima de crises de histeria, só a tranqüilizam administrando-lhe fortes doses de morfina. Durante o outono e o inverno, ele passa horas conversando sobre literatura com Hemingway. Scott leva muito a sério a carreira do amigo. Ainda sob contrato com Boni & Liveright, Hemingway não pode submeter seus manuscritos à Scribner's, mas Fitzgerald o convence a enviar textos ao *Scribner's Magazine*, revista literária na qual a exclusividade contratual não se aplica.

No outono, os Murphy encontram Hemingway pela primeira vez. Imediatamente se entendem. Sara Murphy aprecia seu lado bonitão viril, e Gerald partilha seu ponto de vista a respeito de muitos temas. Murphy admira o autor sério, de escrita resolutamente despojada de qualquer artifício podendo alcançar a simplicidade natural que ele mesmo se esforça por conseguir em seus quadros. Depois de uma escapada nas montanhas do Tirol em sua companhia e na de Dos Passos, os Murphy insistem em que os Hemingway venham no verão seguinte para a Côte onde encontrarão Fitzgerald e os MacLeish.

A 28 de maio seguinte, Sara e Gerald Murphy celebram a chegada de seu novo amigo Hemingway com uma festa no cassino de Juan-les-Pins. Com extremo refinamento, Gerald encomendou o melhor champanhe e ainda um caviar cinza, do mar Cáspio. Sara, muito elegante em seu vestido justo, recebe os convidados. Hemingway, soberbo, a pele bronzeada desde a volta da Espanha — amigo dos grandes matadores, passou um mês nas arenas espanholas —, senta-se entre Hadley, sua mulher, e Pauline Pfeiffer — redatora-chefe da *Vogue* em Paris, que lhe sucederá como esposa; ele é o alvo de todos os olhares. A própria Sara não fica indiferente ao encanto de Ernest, o que Scott não pode suportar. Os Murphy são amigos dele, e todos parecem ignorar que foi ele quem lhe deu estribo em literatura. Por que o observam com tanta complacência? Já alto antes do início da festa, Fitzgerald não vai demorar a chamar a atenção, sabotando, com seu comportamento, a noite dos Murphy.

Sem levarem vida de nababo, a renda familiar de Sara permite que os Murphy vivam confortavelmente. Scott os imagina muito mais ricos do que são. Sempre fascinado por pessoas ricas, sente por eles um respeito, uma admiração pueril feita de ilusão e de emoção. Embeleza os amigos ricos com méritos e virtudes que brotam de seu imaginário de romancista. Ele procura conhecer os lucros de uns e de outros, entrega-se a especulações sobre o modo de vida deles. Ao mesmo tempo, observa que Zelda e ele vivem pobremente, esbanjam muito dinheiro, enquanto os Murphy vivem muito bem, gastando menos que eles.

Contrariamente a Scott, os Murphy fogem da companhia da população opulenta que começa a invadir a Côte d'Azur no verão. Essa repugnância será, aliás, a razão do rompimento entre Sara Murphy e sua irmã Hoytie que deseja receber a *gentry* e a nobreza inglesas na vila América.

Quando Scott bebe — e ele bebe cada vez mais —, sua devoção pelos ricos transforma-se subitamente em repulsa. Durante a festa oferecida pelos Murphy no cassino de Juan-les-Pins, sua conduta é indigna da amizade que o casal lhe testemunha. Ele vitupera contra a idéia de servir caviar e champanhe aos convidados, segundo ele, o cúmulo do esnobismo e da afetação. Enquanto os convidados dos Murphy estão reunidos em torno de uma grande mesa na varanda, uma jovem mulher muito bela entra acompanhada de um homem mais velho que ela. Scott vira então sua cadeira e, pondo-se de frente para o casal, fita a mulher com tanta insistência que, exasperada, ela pede ao gerente para mudar de mesa. Então Scott começa a brincar com os cinzeiros, atira um deles na mesa vizinha, e se diverte como um pulha. O gerente acorre para lhe pedir que pare de importunar os convivas. Mas ninguém pode dar fim às facécias do bêbado. Um ambiente detestável se instala. Então, Gerald, exasperado, se levanta e abandona os convidados. Scott, desconcertado pela reação inesperada do amigo, finalmente se acalma.

Dias depois, é com a mesma necessidade perversa que ele arruína um jantar na vila América. Suas extravagâncias começam desde o início da festa. Dirigindo-se a um jovem convidado, pergunta-lhe em voz alta: "Você é homossexual?" O rapaz, muito calmamente, lhe responde: "Sim." Perplexo, Scott bate em retirada, mas não pára por aí. Depois de alguns gracejos, diversamente apreciados, e quando as sobremesas estão sendo servidas, ele pega um figo na copa de frutas e o lança contra a princesa Caraman-Chimay. O figo atinge o alvo entre as nobres escápulas. Fingindo indiferença, a princesa se retesa sob o choque, mas continua a conversar sem manifestar surpresa. Archibald MacLeish chama Scott à parte para aconselhá-lo a se comportar corretamente. Em resposta, recebe um soco de direita no queixo. Humilhado por não lhe darem mais atenção, Scott pega da mesa os copos de Veneza mosqueados a ouro e os joga contra a parede. Já tinha quebrado três quando o detêm.

À saída da festa, no momento em que ele vai se despedir, Gerald lhe pede que se abstenha de vir à vila América durante três semanas. A punição será respeitada com exatidão pelo mau aluno, que não demonstrará o menor rancor pelo amigo.

Os Murphy sempre se espantam com a rapidez com que os Fitzgerald mergulham na autodestruição fatal. Scott parou de escrever o romance que, depois de tantas vicissitudes, será publicado oito anos mais tarde com o título de *Tender Is the Night*.[2] O álcool e a depressão parecem neutralizar a gra-

---

[2]Fitzgerald, Scott. *Suave é a noite*. Tradução de Marcos Santarrita. Rio de Janeiro: Casa Jorge, 2001. (*N. da T.*)

ça de seu talento. Zelda e ele se entregam a extravagâncias que se tornaram lendárias.

Zelda mergulha do alto de uma escada de pedra porque Scott se inclinou com admiração diante de Isadora Duncan, sentada a uma mesa perto deles. Em outra noite, de volta de um jantar em companhia dos Murphy num restaurante de Saint-Paul-de-Vence, eles param o carro numa agulha de desvio do bonde e dormem profundamente. Ao alvorecer, um fazendeiro puxa o carro para fora das linhas alguns minutos antes da passagem do primeiro veículo. Numa tarde, Zelda se atira diante das rodas do carro deles e pede a Scott que a esmague. Todas essas extravagâncias acabam cansando, privando-os da indulgência dos amigos. Apenas a paciência e a bondade inesgotáveis dos Murphy evitam que eles naufraguem.

"O que gostávamos em Scott — dirá Gerald — era aquela parte dele de onde vinha seu talento e que jamais foi completamente enterrada. Havia momentos em que ele não era atormentado e não tentava escandalizar; momentos em que ele era doce e calmo, em que podia falar do que pensava verdadeiramente das pessoas e esquecer de si mesmo, tentando definir o que sentia por elas. Nesses momentos, a beleza de seu espírito e de sua natureza era visível, e podíamos apreciá-lo e amá-lo."[3]

Depois do fraco sucesso de *Suave é a noite*, Scott não pára de se embriagar. Contudo toma boas resoluções: racionar o consumo de gim, decidindo beber apenas um gole por hora, mas isso é apenas juramento de bêbado. A doença incurável

---

[3]*Living Well Is the Best Revenge (Tendre était la vie)* [Viver bem é a melhor vingança (Suave era a vida)], Calvin Tomkins, La Table Ronde, "La petite Vermillon".

de Zelda não é certamente estranha à recrudescência de seu alcoolismo. Ele escreve à mulher, então em tratamento em clínicas especializadas, cartas patéticas nas quais evoca o passado com dolorosa nostalgia:

"Como gostaria que pudéssemos passar julho à beira-mar, bronzeando-nos e sentindo os cabelos pesados de água flutuar atrás de nós depois do mergulho. [...] Eu te amo, minha querida, querida."

18

Ao se instalarem no número 19 da rue de Lille, um palácio, no outono de 1925, Harry e Polly Crosby estão firmemente decididos a dividir o tempo entre os prazeres da vida parisiense e a poesia.

Harry Crosby, sobrinho do financista John Pierpont Morgan, formado em Harvard, fez-se notar ao publicar em 1924 uma antologia, pequeno volume de tiragem limitada, não comercializada, prefaciada por seu amigo Ellery Sedgwick.[1] A obra teria passado despercebida se Rudyard Kipling não tivesse decidido ameaçá-lo com um processo por ele ter publicado dois de seus poemas sem autorização. Incidente inofensivo que vai trazer para Crosby um tantinho de notoriedade no meio editorial.

Harry e Polly,[2] poetas, são os melhores apologistas das próprias obras: "extasiar-se diante do trabalho um do outro constituía o principal incentivo da sua alegria de viver" —

---

[1] Ellery Sedgwick (1872-1960), editor americano, fundador de *The Atlantic Monthly*.
[2] Harry Crosby (1898-1929), Mary Jacob Crosby, conhecida como Caresse Crosby (1892-1970).

dizia Stuart Gilbert, ex-colaborador de Adrienne Monnier na revista *Commerce*. Uma coletânea de sonetos de Polly, *Crosses of Gold*, inaugura suas atividades editoriais em Paris.

A obra está pronta para a impressão quando surge um obstáculo cuja gravidade os mergulha num abismo de reflexão: que pseudônimo Polly deve adotar? Polly não é poético; Mary, um pouco banal. Harry insiste na procura de um nome iniciado pela letra C. Depois de desfolhar o calendário, passado em revista todos os seus santos, não conseguiram encontrar uma pérola do mais belo oriente para rebatizar Polly. Harry insiste: "Procuremos algo de acariciante. Por que não Caresse?" Caresse com um *e* final, ausente em inglês.

Encantado com a idéia, eles têm de admitir que a escolha corre o risco de não ser apreciada pela austera família Crosby de Boston. "Escandaloso" — lhes diz um parente em Paris. — "Esse nome é tão inconveniente quanto se despir em público."

Apesar das reticências, é sob esse pseudônimo que aparece *Crosses of Gold*, obra editada em cem exemplares não comercializados.

No mês de outubro seguinte, é a vez de Harry publicar *Sonnets for Caresse*, pequeno livro em tiragem de setenta exemplares, composto por Herbert Clarke, tipógrafo e impressor inglês que trabalha na rue Saint-Honoré para a *Transatlantic Review*. No ano seguinte, uma tiragem mais importante aparecerá por um editor que publicara Rimbaud; circunstância de que se orgulha o jovem Harry.

Ver suas obras impressas os enche de satisfação e os determina a não mais esperar o bel-prazer dos editores. Eles decidem partir em busca de um impressor e descobrem a ave rara quando passeavam pelas ruas adjacentes, tomando o cuidado de levar com eles as edições de luxo para mostrar como exemplo. O acaso conduz seus passos para a rue Cardinale, calma e silenciosa passagem que une as rues de l'Abbaye e de Furstenberg. Ali descobrem a discreta loja de um impressor que executa trabalhos citadinos: prospectos, participações de casamento ou de nascimento, convites.

Descobrir aquele casal elegante observar sua vitrine onde agonizam centenas de moscas não deixa de surpreender o valente artesão. O que podem querer aquelas pessoas que passam diante de sua loja?

"O senhor poderia imprimir para nós um livro inteiro?" — pergunta Crosby em voz alta para dominar o ruído da prensa.

Espantado, o homem limpa as mãos negras de tinta para pegar a edição de luxo de *Héloïse et Abélard* que Harry lhe estende. A surpresa do modesto Roger Lescaret dá lugar então ao orgulho de ser considerado um competente executor de uma obra daquela qualidade. Ele se controla, e murmura: "É muito trabalho, é preciso encontrar papel, os tipos Astrée itálico e executar a composição manualmente. Tudo isso vai custar muito caro."

Harry, com gesto magnânimo, o tranqüiliza. Pouco importa o preço. "Prometido" — diz Lescaret. — "O senhor terá as provas em uma semana." O impressor, às carreiras, se atira ao trabalho. Reúne os elementos necessários para realizar aquilo que, pensa ele, será sua obra mestra. Dois dias depois, a composição está pronta; ele se precipita para a rue de Lille com um jogo de provas. Os Crosby, no auge da impaciência, examinam os sonetos de Caresse apresentados em elegante tipografia. O texto em todos os pontos está conforme ao modelo. Um trabalho digno de um mestre impressor. Os edito-

135

res iniciantes estão pasmos por terem descoberto um artífice tão consciencioso na profissão. Disposto a continuar colaborando com os Crosby, Lescaret lhes declara: "A partir de agora imprimirei o que vocês quiserem, quando quiserem."

Por enquanto, Caresse se dedica a imaginar o logotipo das edições de Narciso — a flor dos poetas —, marca sob a qual a partir dali publicarão suas obras. Narciso é também o nome do *whippet*, frágil e pequeno galgo inglês que jamais se separa deles. Harry põe-se à procura de papéis, escolhe as encadernações, enquanto Caresse estuda os formatos e a paginação. Eles preparam a lista dos títulos a serem publicados dos quais a maior parte são seus próprios livros, pondo em prática o adágio: "Se queres ser bem servido, serve-te a ti mesmo."

Painted Shores e *Stranger*, de Caresse, *Red Skeletons* e uma nova edição dos *Sonnets for Caresse*, de Harry, são florilégios de sonetos a serem editados. Fragmentos de forma irregular, freqüentemente menosprezam a regra de ouro da poesia, feitos para deixar o fogoso Boileau de cenho franzido.

Em *Painted Shores*, Caresse se entrega a algumas revelações sobre a perenidade da união deles numa visão onírica em que ambos aparecem como pássaros de ouro e de prata, atrelados ao carro da Esperança, elevando-se rumo ao sol distante. Encantação idealizada e paranóica, certamente mais etérea que os momentos de depois do jantar quando, no fausto de seu palácio e de seu amplo banheiro com tanque de mármore jaspeado, eles se entregam, com os convidados, a prazeres desprovidos de imaterialidade seráfica.

Aliás, no poema *Journey's End*, Caresse preconiza a suspensão das proibições concernentes às "horas de divertimento imoderado".

Nécrophile, Lit de mort, com ilustrações de Alastair, artista húngaro amigo de Harry, que observou bem o desenhista inglês Beardsley, não são exercícios de estilo, mas exatamente o reflexo da obsessão da vida de Harry, dias trágicos passados no *front* durante a guerra. "Para um artista" — escrevia Eliot — "a contemplação do horrível, do sórdido e do repugnante é o impulso necessário e negativo para a busca da beleza."

Poe, Huysmans, Rimbaud, Mallarmé, seus autores preferidos, inspiram a Harry uma reflexão sobre a solidão e a morte. Num de seus sonetos dedicados a Baudelaire, ele escreve: "Na profundeza de minh'alma plantaste tua mais negra bandeira."

Vê-se em algumas partes da obra seu passado ressurgir. Seus poemas exprimem a angústia profunda que o submerge assim que pensa em 1914-1918. "Decretado por Deus", o conflito deve conduzir a "um mundo melhor, mais limpo e mais franco". Ele anotou: "Nós, que conhecemos a guerra, jamais devemos esquecê-la. E é por isso que tenho a foto do cadáver de um soldado pendurada na porta de minha biblioteca."

Até seu suicídio nos Estados Unidos em 1929, o pesadelo da Grande Guerra o perseguirá. Jamais se apagará a lembrança dos combatentes mutilados, amontoados na ambulância durante a infeliz batalha do Somme, em 1916, que resultou em quatrocentas mil mortes.

Fascinado por D. H. Lawrence, outro admirador do sol, Crosby pede que ele lhe consiga o que publicar sobre o tema, declarando-lhe que está pronto para pagar cem dólares em "moedas de ouro de vinte dólares, a águia e o sol". Pensando que Harry quer comprar-lhe um manuscrito, Lawrence lhe responde nunca ter vendido nenhum deles, e que detesta ceder o que quer que seja. Mas acrescenta: "Estou pronto a fazer uma exceção para você, ou seja, um texto que eu não teria nem queimado, nem perdido; ficaria feliz em aceitar tanto ouro quanto você puder me dar."

Lawrence pergunta a Curtis Brown, seu editor inglês, se ele conservou o manuscrito de seu conto *Sun*, contando-lhe sobre a dádiva dos cem dólares. Depois de ter recebido o manuscrito de Lawrence, Harry lhe envia alguns poemas de sua próxima coletânea *Chariot of the Sun*, pedindo-lhe que escreva a introdução. Lawrence aceita, mas apenas depois de ter recebido o conjunto dos poemas. Ao tomar conhecimento da seqüência de *Chariot...*, Lawrence mantém distância: "Muito longos e canhestros, ausência de sensibilidade; é melhor — diz ele — não incluir esses últimos poemas em seu *Chariot of the Sun*."

Depois de ter recebido o manuscrito de *Sun*, o conto de Lawrence, os Crosby correm à rue Cardinale. Enquanto Lescaret inicia a composição, Caresse e Harry escolhem nas amostras de papéis Hollande Van Gelder aquele cuja gramatura estará mais conforme às suas exigências de qualidade e gosto para uma edição luxuosa.

Harry não esqueceu a promessa feita a Lawrence, mas a obtenção das moedas americanas resulta longa e complicada. Finalmente, um jovem bostoniano se apresenta à rue de Lille com as moedas de ouro escondidas nos sapatos, muito orgulhoso por ter enganado os funcionários da alfândega. Harry, preocupado em fazer chegar o pequeno tesouro o mais rapidamente ao destinatário, enrola cuidadosamente as moedas em algodão, arruma-as numa pequena caixa de jóias de Cartier, e corre para a gare de l'Est a fim de encontrar um portador.

Ele chega alguns minutos antes da partida do expresso Paris-Roma e corre ao longo da plataforma à procura de um homem honesto a quem confiar a preciosa caixa. No último segundo, descobre um inglês, muito distinto, debruçado à janela de seu compartimento. Será que ele se encarregaria de postar a caixa em Florença? "É ouro para um poeta" — garante-lhe Harry. No momento em que o gentleman se inclina para pegar o precioso pacote, o trem dá a partida. Um sinal com a mão a título de concordância, e o expresso desaparece numa nuvem de vapor.

Quando recebe o ouro, Lawrence se sente constrangido. Ele ignora os lucros formidáveis do sobrinho de Pierpont Morgan. E se Harry não for um homem rico, ele diz a si mesmo. Sentindo-se culpado, mas encantado, escreve a Harry para agradecer-lhe. Algum tempo depois, ele lhe faz chegar uma aquarela do sol, que pintou a partir de um motivo maia. Crosby o usará como frontispício de sua edição de *Sun* publicada por Black Sun, a nova razão social de sua editora, situada agora na rue Cardinal.

Walter Van Rensselaer Berry, primo de Harry, é parisiense de longa data. Homem culto e elegante, presidente da câmara de comércio americana em Paris. Grande amigo de Edith Wharton, ele mantém as melhores relações com Marcel Proust que lhe dedica *Pastiches et Mélanges*: "Ao senhor Walter Berry, advogado e letrado que, desde o primeiro dia da guerra, diante da América ainda indecisa, defendeu, com energia e talento incomparáveis, a causa da França, e venceu-a. Seu amigo, Marcel Proust."

"Esse Walter" — escreve-lhe Proust — "é digno daquele que se chamava Pater, ou Scott, ou até mesmo Walter, simplesmente, e que, apesar de boche, lançou sobre Nuremberg, mais real do que as bombas em 1914, um certo *Preislied* que não era ruim."

Em carta datada de 16 de fevereiro de 1918, Proust traça o retrato de certo modo elogioso do americano: "Não conheço nada mais bonito para os olhos que seu rosto, mais agradável para os ouvidos que sua voz [...] como se você fosse pintado por Tintoretto e orquestrado por Rimski."

Walter Berry fica encantado quando, por ocasião de um jantar no Ritz, Proust lhe conta que uma senhora americana, que lia *Em busca do tempo perdido* havia três anos sem nada compreender, escreve-lhe: "Caro Marcel Proust [...] Diga-me em duas linhas o que você quis dizer."

Aquele que Caresse designava como "a quintessência à la James" se apaga no outono de 1928. Walter Berry lega ao sobrinho Harry sua biblioteca, encarregando-o de fazer chegar à sua cara amiga Edith Wharton algumas obras que ela gostaria de conservar como lembrança de sua amizade. Mrs Wharton sem dúvida interpretou mal a cláusula das últimas vontades de Berry quando decide atribuir-se a maior parte da biblioteca. Harry resiste com força à predadora e reduz sua parte a quinhentos volumes.

Os Crosby herdam um verdadeiro tesouro: quase oito mil obras, incluindo-se edições raríssimas de literatura francesa e estrangeira, uma primeira edição das *Confessions of an English Opium Eater* de Quincey,[3] a coleção das obras completas de Casanova, as de Maupassant, de Henry James, o conjunto da

---

[3] De Quincey, Thomas. *Confissões de um comedor de ópio*. Tradução de Ibagnez Filho. Porto Alegre: L&PM 2001.(*N. da T.*)

correspondência de Walter Berry, incluindo um lote de cartas de Marcel Proust.

Durante um dia inteiro carregadores transportam caixas de livros da casa de Walter Berry para o palácio dos Crosby situado trezentos metros adiante. As obras são guardadas na biblioteca de Harry, no ateliê de Caresse, no hall de entrada e invadem literalmente o palácio da rue de Lille.

Publicar um conjunto de cartas de Marcel Proust seria honroso para a memória do primo Walter Berry, e gratificante para o catálogo das Éditions Black Sun no momento em que será concluída a publicação do último volume da *Recherche*[4] pela NRF.

As 47 cartas em francês e em inglês (*Forty-Seven Unpublished Letters from Marcel Proust to Walter Berry*) serão publicadas com capa branca, acondicionadas em estojo dourado.

Outro achado excepcional encontrado durante a triagem dos papéis da biblioteca foi uma caixa contendo 16 cartas de Henry James misturadas com outras correspondências de Emerson, Ruskin, Valéry e Foch, dirigidas a Walter Berry. Serão publicadas concomitantemente a *Sun*, a novela de Lawrence, e um precioso pequeno volume reunindo 22 miniaturas eróticas tiradas de um manuscrito antigo descoberto em Damasco, representando as diferentes posições amorosas. Essa tiragem de vinte exemplares não comercializados será reservada a alguns ricos privilegiados, ávidos por descobrir os segredos das voluptuosas cópulas dos persas antigos.

Os acasos da vida mostravam-se favoráveis aos Crosby: a descoberta de Lescaret, impressor talentoso, a herança inespe-

---

[4]Marcel Proust (1871-1922), *Le Temps retrouvé*, 2 volumes, NRF. O término da publicação vem datado de 22 de setembro de 1927.

rada do primo Berry e de sua biblioteca fabulosa e, agora, a visita inesperada de Harry Marks. O grande livreiro nova-iorquino acaba de desembarcar no pequeno escritório das edições Black Sun, instalado acima da editora na rue Cardinale. Está exausto depois de tê-los procurado no labirinto da rue de Saint-Germain-des-Prés. Ele não poupa elogios às suas publicações das quais encontrou, naquela manhã, um dos exemplares na vitrine de um livreiro da margem direita. Ele sugere comercializar suas produções numa loja de Nova York. Os Crosby, surpresos, mas encantados, escutam Marks expor-lhes as condições financeiras de sua colaboração, mas Harry se recusa a ouvir falar em transações comerciais, ou de contrato. Contudo chegam a um acordo na forma de um *gentleman's agreement*, para a satisfação de ambas as partes.

Os Crosby são impacientes, impulsivos, caprichosos. Seus desejos repentinos exigem execuções apressadas. A bela casa lhes provoca desejo de ir para o interior, uma vontade de preguiçar e devanear numa casa de campo, de ali receber amigos em total descontração. Um convite do conde Armand de La Rochefoucauld para passar o fim de semana no castelo de Ermenonville vai lhes permitir satisfazer este último capricho.

Durante um passeio no parque em companhia do jovem conde, os Crosby vêem um moinho abandonado quase em ruínas, numa paisagem agreste e romântica. Harry e Caresse instantaneamente se convencem de que precisam a qualquer preço daquele velho moinho que concretiza seu sonho campestre. Declaram ao anfitrião que desejam comprá-lo imediatamente. Enquanto Armand de La Rochefoucauld tenta dissuadi-los, Harry procura febrilmente o talão de cheques e não o encontrando, arranca o punho da blusa branca de Caresse e rabisca um ato de compra para compensação imediata.

Batizado de Moinho do sol — *of course* —, a reforma da construção é rapidamente iniciada para tornar habitável uma dezena de pequenos quartos na torre, arrumar o corpo principal da casa e, por fim, instalar uma piscina.

Quando se mora num palácio da margem esquerda, quando se tem cavalo nas pistas, quando se anda num oito cilindros Bugatti, quando se restaura e prepara para os finais de semana um moinho medieval em Ermenonville, quando se viaja à vontade pela Europa e pela África (onde se fuma ópio pela primeira vez), quando se foi um herói de guerra (ferido e condecorado com a cruz de guerra em 1919) e quando ainda não se tem 30 anos, não se freqüentam os cafés de Montparnasse, mas os estabelecimentos grã-finos da margem direita.

Os Crosby são encontrados no Fouquet's e especialmente no bar do Ritz, quartel general de Harry. Seu casamento com Polly (rebatizada de Caresse, como vimos), seis anos mais velha que ele, e mãe de dois filhos pequenos, tinha escandalizado a sociedade bem-pensante de Boston. Sua vida atípica de luxo e luxúria, povoada de poetas alucinados, editores extravagantes, colecionadores maníacos, pintores decadentes, seu culto obsessivo pelo sol, a ponto de querer uma tatuagem do astro nas costas, denotam uma paranóia evidente.

Antes de voltar para os Estados Unidos em 1929, Harry telegrafara à família dando ordem para que se vendessem dez mil dólares em ações, pretextando que Caresse e ele tinham decidido "levar uma vida louca e extravagante". Diante dos protestos veementes dos familiares, sua resposta só poderia preocupar: "Para o poeta existe o amor, a morte e a infinitude; quanto ao resto, está fora de questão que tome semelhante importância vital, e é por isso que me recuso a considerar seriamente o dinheiro."

Ele devaneia sobre o céu. Para melhor se aproximar dele, inscreve-se numa escola de pilotagem perto de Villacoublay, realiza o primeiro vôo uma semana depois e se põe a sonhar com uma morte brutal.

Sleeping Together, sua última obra, é um livro onírico que aparentemente sofreu influência de Jolas. Segundo este, os sonhos produziam um "romantismo cinético", fabulação dos "estados míticos do espírito que se aproximam do conto de fadas, da lenda e da balada".

De volta a Nova York, a obsessão da morte o persegue. Uma manhã, ele interpela a mulher: "Dê-me a mão, Caresse; nossa janela está aberta, vamos ao encontro da morte-sol juntos."

Apavorada, ela tenta trazê-lo à razão e responde que eles ainda têm muitas coisas a viver juntos. Em seu diário íntimo, ele declara seu delírio sobre os astros, a morte, as estranhas relações com Josephine Rotch, sua amante.

Em seguida, a 10 de dezembro, durante uma festa oferecida pelo livreiro Harry Marks em que, à saída do jantar os convivas deveriam ir ao teatro, a ausência de Harry surpreende, preocupa. Um amigo vai ao estúdio que às vezes ele usa para trabalhar e encontra a porta fechada. Às 10 horas, consegue entrar. Lá dentro, descobre Harry caído, segurando uma pistola, abraçando o corpo de Josephine, ambos mortos com uma bala na têmpora.

"Harry Crosby era um mau escritor" — declara Hemingway a título de oração fúnebre —, "e ele teria feito melhor se tivesse se matado antes." Contudo tem de admitir que a carreira de editores de Harry e Caresse compõe um catálogo importante, precioso, eclético que reúne obras de Edgar Allan Poe, Oscar Wilde, D. H. Lawrence, Lewis Caroll, James Joyce...

No prefácio a *Sleeping Together*, Stuart Gilbert descreve Crosby como um poeta aventureiro, que foge ao prosaico e, sem que seja por falta de imaginação, se alegra com o perigo como um antídoto contra os homens vazios.

19

Ao chegar a Paris, vindo de Londres, dois anos antes, a 7 de fevereiro de 1927, Hart Crane se dizia aliviado por ter deixado a capital do Reino Unido, "maravilhosa, mas triste e pesada". A liberdade de que gozavam os parisienses o encantara. Ele encontrou na casa de Eugene Jolas uma quantidade de pessoas singulares, excêntricas, e imediatamente simpatizara com Harry Crosby que o considerava "o mais maravilhoso poeta". Depois de ter tomado um drinque no café Deux Magots, Harry o convidara, e também a Jolas, para irem ao Prunier degustar ostras e beber vinho de Anjou. Quando leu, ao término da refeição, a parte de *The Bridge* intitulada *White Buildings*, que Crane lhe submetera, Harry se interessou, bem como Jolas, pela publicação do poema. Tendo o entusiasmo de Crosby crescido à medida que descobria a obra, sugeriu a Crane publicá-la nas Éditions Black Sun.

Hart Crane[1] não é um homem fácil. É um homossexual alcoólatra e caprichoso, um briguento, um excêntrico de humor turbulento, de impulsos violentos, oprimido pelo mau

---

[1] Hart Crane (1899-1932), poeta americano, suicida-se aos 33 anos.

gênio. Harry se mostra cheio de indulgência e de paciência exemplar, aceitando seus caprichos e os impulsos de sua libido — o motorista de Harry é objeto de sua insistência —, assim como suas exigências. O rapaz impõe ao editor a publicação de *Blue Juniata*, uma coletânea de poemas de seu amigo Malcolm Cowley,[2] ou exige a reprodução em cores de *Brooklyn Bridge* do pintor Joseph Stella[3] no frontispício de um de seus textos. Harry aceita todas as reivindicações de Crane e, depois de todas as concessões, pensa ter dado provas de sua benevolência para que o autor escreva com serenidade.

No primeiro fim de semana de fevereiro, Crane é convidado a juntar-se aos numerosos amigos de Crosby para ir ao moinho. Sua desenvoltura e sua atitude grosseira surpreendem os convidados. Embriagado de vinho, ele declama com enorme dificuldade seu poema e, em seguida, convida a todos para sujar as paredes da casa no dia seguinte; conclui suas excentricidades com uma saraivada de garrafas de vinho.

Depois de seu comportamento escandaloso, ele teme não poder contar com o convite permanente, sugerido por Harry, para que ele fosse ao moinho "quando quisesse e por quanto tempo quisesse" para concluir *The Bridge*. Seria subestimar a largueza de espírito e a liberalidade dos Crosby acreditar que eles tivessem se zangado com aquelas extravagâncias. Sem hesitar, eles reiteram a promessa a Crane: o moinho está pronto

---

[2]Malcolm Cowley (1898-1989), escritor, crítico, cronista da Lost Generation. Autor, com Fitzgerald, de *The Stories of F. Scott Fitzgerald* (1951). Charles Scribner's Sons, Nova York.
[3]Joseph Stella (1879-1946), pintor americano nascido na Itália. Vive em Paris e posteriormente se fixa nos Estados Unidos onde se torna o pintor da vida moderna americana.

para acolhê-lo quando ele o desejar. Hart Crane não se faz de rogado e, contente, parte para Ermenonville.

Numa carta a um amigo, declara que se Paris é "a casa de loucos mais interessante do mundo", onde um americano "nem sempre se sente adaptado", o moinho, ao contrário, lhe parece propício à concentração e ao trabalho.

Mimado pelo "serviço ao qual os milionários estão habituados", ele ali permanece solitário durante três semanas, exceto nos fins de semana, quando Harry e seus amigos chegam da capital. Crane se delicia, maravilhado com o luxo da casa, se solta na espreguiçadeira de Caresse, forrada de seda, entrega-se ao devaneio e trabalha esporadicamente. Ao final de sua estada, entrega ao anfitrião a parte acabada do manuscrito e, em agradecimento, oferece-lhe o esboço de seu poema *Grand Canyon*. Crosby lhe demonstra seu agradecimento e admiração, escrevendo-lhe:

"Hart! Que bomba, que explosão para o café da manhã! [...] Meu Deus, quando se lê algo assim, toda poeira, toda artificialidade e bricabraque são magnificamente varridos e a gente se sente tão limpo quanto as estruturas de morte em esmalte puro de que você fala. Eu estou danado de contente por ter o manuscrito desse poema. [...] Não sou crítico, mas quando vejo ouro, não me engano. [...] é poesia puro sangue, e isso também é uma qualidade rara."

Os Crosby esperam a continuação de The Bridge, que Cane entrega a conta-gotas. Depois que se afasta do moinho, o rapaz desaparece no sul da França. Harry teme que ele abandone o poema para se entregar a outras extravagâncias que geralmente acabam em escândalo. Essa ausência prolongada obriga Harry e Caresse a considerar uma publicação de

The Bridge no ponto em que se encontrava no mês de setembro, se o complemento do texto não lhes chegasse até lá.

No início de junho, Crane reaparece em Paris e declara a Caresse que parou "de bancar o ridículo". Promessa de gascão por parte de um americano de Ohio. Ele deambula pela capital, irresistível "asilo", e, uma noite, se encontra em Montparnasse, um pouco alto, na varanda do Select.

Uma discussão com um dos garçons a respeito da conta se exacerba, e segue-se uma briga. O pessoal acorre, bem como um guarda que se encontrava por lá. Dominado pelo reforço de policiais, Crane é levado à delegacia, e leva uma surra. Desmaia e acorda no comissariado da rue Delambre; é transferido para a prisão da Santé.

Assim que em Montparnasse se sabe do incidente, a colônia americana se mobiliza para tirá-lo daquela situação. Um comitê de defesa, do qual participam André Gide e Jean Cocteau, e. e. cummings e outros, é reunido pelo pintor Eugene MacCown.[4] Censuram a brutalidade dos policiais e decidem fazer uma petição junto ao chefe de polícia. A arrogância dos mediadores indispõe o alto funcionário, que se recusa a libertar o prisioneiro. Crane terá de se apresentar diante de um tribunal de polícia correcional, diz ele.

Posto a par da prisão de seu poeta a 10 de julho de 1929, Crosby se mobiliza para garantir sua defesa e sua absolvição. A narrativa desse dia louco, contada minuciosamente em seu diário, não deixa de ser pitoresca:

---

[4] Eugene MacCown, também chamado de McGowan, pintor americano, amante de René Crevel, cujo retrato realizará para Détours, em 1924.

"No escritório das Editions Black Sun [...]. Depois, tomei um táxi para ir ver McGowan [MacCown] a respeito de Hart Crane. Cheguei diante do Deux Magots e chamei um táxi. Exatamente nesse momento, McGowan saiu do café com Vitrac[5] e uma moça, Kitty Cannell [Kathleen Cannell, jornalista do *New York Times*]. Fomos para o palácio da justiça. Eram 12h45; eu tinha um encontro no bar do Ritz com Marks, (o livreiro de Nova York). Corri, então, e consegui encontrá-lo (bebemos dois drinques) e levei-o comigo para o julgamento. Hart foi magnífico. Quando o juiz anunciou que foram necessários dez guardas para segurá-lo (os safados o arrastaram pelos pés ao longo de três quarteirões), todo o tribunal explodiu de rir. Depois de dez minutos de interrogatório, ele foi condenado a pagar 800 francos de multa, e oito dias de prisão se por acaso o prenderem novamente. Uma carta de *La Nouvelle Revue française* muito contribuiu para a sua absolvição. Eles não quiseram liberá-lo de imediato; então, eu fui até o Le Doyen com Marks para comer e beber *Sherry cobblers* ao sol. Pegamos uma carraspana, depois ele foi embora com Eugene O'Neill,[6] e eu caminhei pelo cais. [...] Mas, no caminho, encontrei uma bonita americana e falei com ela, e fomos ao Ritz beber um *Sherry cobblers* (o nome dela era Sheelah — gosto muito), mas eu precisava correr à Conciergerie onde encontrei Vitrac e Whit Burnett (repórter do *Chicago Herald Tribune* em Paris); fui de carro [...] e lá tivemos de esperar das seis até muito depois das oito horas (matamos o tempo bebendo cerveja, jogando damas e falando com os

---

[5]Roger Vitrac (1899-1952), poeta e autor dramático.
[6]Eugene O'Neill (1988-1953), autor dramático americano: *Le désir sous les ormes* [Desejo sob os olmos]. *Le deuil sied à Electra.*[Electra enlutada. Rio de Janeiro: Ed. Bloch, 1970.] Prêmio Nobel 1936.

gendarmes). Para concluir, os prisioneiros começaram a sair. Hart por último, não barbeado, faminto, furioso. Então ficamos, e fomos beber no bar da Bonne Santé, bem diante da porta da prisão, depois fomos até os escritórios do *Chicago Herald Tribune* onde Burnett começou a contar o caso para o jornal, enquanto Hart e eu íamos para o Chicago Inn comer ovos pochés com torradas... e Hart me disse que aqueles safados miseráveis da Santé nem tinham querido lhe dar um papel para que ele escrevesse seus poemas. Os safados."

Chegou o momento de Hart Crane voltar. Seus amigos estão cansados de suas excentricidades. Seu poema está nas mãos dos Crosby; só precisa que lhe ofereçam uma passagem para Nova York a bordo do *Homeric* com uma boa garrafa como companheira de viagem.

20

Gertrude Stein é uma autora que tem público, mas não editor. O axioma de McBride,[1] diretor de Creative Art, é incontestável. Aos 56 anos, Gertrude Stein só foi publicada por pequenas editoras com tiragens limitadas, financiadas, muito freqüentemente, por ela mesma. Ela não esquece a infeliz experiência com Grafton Press, que se permitira repreendê-la a respeito de "alguns sérios erros de gramática". As correções que lhe sugeriram realizar antes da impressão a indignaram. Um colaborador da Grafton Press submeteu-lhe o texto revisado. Quando "o cara da Grafton" se apresentou à rue de Fleurus, encontrou uma Gertrude furiosa que insistiu que ele informasse ao responsável editorial que as novelas de *Três vidas* seriam impressas exatamente como estavam no manuscrito. Ela se permitia fazer uma única concessão: trocar o título *Three Lives* para *Three Histories*.

Quando de uma publicação de *Tender Buttons* em 1914, um editor definira a estranheza dos escritos de Gertrude Stein por meio da fórmula: "Um navio sem pavilhão, longe das leis

---

[1] Henri McBride (1867-1962), editor de arte americano, amigo de G. Stein.

da arte, mas que faz escala em todos os portos e deixa lembrança de suas visitas."

A obra, ignorada pela crítica, provocara apenas um entusiasmo mais do que moderado dos leitores e aparentemente não teve influência sobre os escritores contemporâneos daquele tempo, como a autora esperava.

A edição de *Três vidas*, sua quarta obra publicada nos Estados Unidos sob a direção de John Rodker,[2] teve generosa acolhida da parte de escritores famosos na França e na Inglaterra. Contudo esses elogios lisonjeadores não se traduziram em boas vendas. Para Gertrude, a grande dificuldade continua sendo a medíocre difusão de suas obras nas livrarias.

Escolher um novo agente? Ela não conta com a eficiência de intermediários: "Não sei que os agentes literários sejam qualquer coisa, quer dizer, eu já tive, mas eles nunca foram capazes de vender alguma coisa de mim." [sic]

Quando seu amigo Van Vechten mostra seus textos a agentes nova-iorquinos, todos respondem que não poderiam se encarregar de um autor muito avançado em relação à sua época. Em 1922, ela publicara às próprias custas *Geography and Plays* na The Four Seas Company, em Boston, sem ser requisitada por nenhum editor.

Durante os anos 20, a dedicação de Margaret Anderson e Jane Heap, as petroleiras de *The Little Review*, a de Van Vechten, contatando um editor capaz de publicar seus textos, não tiveram continuidade; lembremos suas relações tumultuosas com Robert McAlmon e as edições Contact quando

---

[2] John Rodker (1894-1955), editor, sucede a Pound em *The Little Review*. Poeta, publicou *Poems and Adolphe* (1920).

da publicação de *The Making of Americans*. As promessas de editores não foram mantidas, as iniciativas de seus numerosos amigos não obtiveram resultados concretos para a edição daquelas obras obscuras, de singular concepção, que alguns se apressaram em qualificar de "cubismo literário", sem dúvida por alusão às afinidades eletivas da autora com Picasso.

William Bradley, tradutor e escritor, revelou-se um dos melhores agentes literários americanos de Paris: John Dos Passos, Ezra Pound, Louis Bromfield, bem como os epígonos de Fitzgerald e de Hemingway foram editados graças ao seu grande conhecimento do meio editorial de além-Atlântico e de suas relações privilegiadas, particularmente com Maxwell Perkins[3] e Charles Scribner[4]. Informado por Ford Madox Ford de que Gertrude Stein gostaria de tratar com ele de questões literárias, Bradley vai vê-la e propõe-lhe tornar-se seu agente.

Durante o encontro, Gertrude Stein lembra a questão que a preocupa: como colher os frutos de sua genialidade. Para Bradley, trata-se de uma difícil aposta literária. Negociador experiente, ele procura cada um dos editores americanos, sabedor de suas reservas acerca das obras de Gertrude. Sua primeira atitude consiste em contatar editoras modestas: Little Brown, Macaulay, Viking. Todos os editores lhe devolvem os manuscritos, justificando a recusa em termos circunstanciados. Quando de sua passagem por Paris, o presidente da Macaulay Company se interessa por *The Making of Americans*, com a condição de que Gertrude faça cortes a fim de apresentar a obra em versão abreviada.

---

[3] Maxwell Perkins (1884-1947), editor e colaborador de Scribner, confidente de Fitzgerald e de Hemingway.
[4] Charles Scribner (1890-1952), célebre editor americano.

Gertrude nada faz, sempre à espera de que Bradley acabe por encontrar um editor para publicar o texto integral. No entanto, as recusas das outras editoras a levam a aceitar a proposta de Macaulay. A nova montagem é enviada aos Estados Unidos, mas Macaulay ainda se queixa da extensão do texto de quase 200 mil palavras. Ele se recusa a editar uma obra cuja venda aleatória corre o risco de terminar com a perda de grande parte de seu investimento. Bradley, muito decepcionado com a notícia, assegura a Gertrude estar penalizado, mas não surpreso: com freqüência, os editores de passagem pela Europa se retratam quando voltam ao país. Sem a certeza de obter um mínimo de vendas nas livrarias, eles preferem se abster e não assumir riscos. Essas observações levam Gertrude Stein a considerar outra solução na qual vem pensando há vários anos: editar ela mesma seus próprios livros. Cética a respeito das ações de Bradley, ela decide vender dois de seus Picasso para financiar o capital social de uma edição. Seu amigo Van Vechten é avisado e encontra um comprador nova-iorquino para o primeiro quadro: 12 mil dólares. Ela cede, por uma quantia não divulgada, *Femme à l'Éventail*, do mesmo Picasso, a Mrs Harriman, esposa de político americano. Retirar os Picasso das paredes do ateliê causa uma grande tristeza em Alice Toklas, mas a venda permite às senhoras da rue de Fleurus fundar a sociedade Plain Editions.

Gertrude comunica aos amigos e conhecidos a criação de sua empresa com uma alegria marcada de lucidez: "Aqui estamos finalmente nos negócios, Alice é a editora imaginária, e eu, a autora. Na verdade, sempre fui a autora, e ela sempre foi a gerente, mas agora, renunciando a gastar nossa energia para desenvolver o desenvolvível, concluímos que isso custaria menos energia e daria mais resultados se nós mesmas nos envolvêssemos."

Evidentemente, nenhuma das duas tinha qualquer conhecimento dos costumes do mundo editorial. A rigor, Gertrude poderá encomendar um livro ao impressor, distribuí-lo, quer dizer, garantir a venda nas livrarias. Quanto a Alice, ela se esforçará por assumir a boa gestão da empresa.

Em Montparnasse, a notícia da criação de uma editora se espalha: manuscritos, oferecimentos de colaboração chegam à rue de Fleurus. Os conselhos de Bradley e seus conhecimentos da rede de livrarias são preciosos. Ele põe à disposição de Plain Editions uma lista de livrarias acompanhada de uma lista de bibliotecas das universidades americanas. Ele sugere ainda mandar publicar anúncios nas *Publishers Weekly* (órgão profissional da edição nos Estados Unidos). Alice se atira ao trabalho e informa às oficinas inglesas e americanas que façam seus pedidos diretamente à Plain Editions, em Paris.

Lucy Church Amiably, livro mais recente de Gertrude, romance campestre que evoca as belezas naturais da região de Belley e da pequena aldeia de Billingnin,[5] retiro preferido da autora, é a primeira obra de Gertrude publicada pela Plain Edition. O orçamento de Darantière tendo sido considerado muito caro, a impressão é entregue à tipografia Union, em Paris, número 13 da rue Méchain, no 14º bairro. Ao se dirigir a uma tipografia com trabalho pouco familiarizado com a feitura de livros, as editoras iniciantes só poderiam ficar decepcionadas com o resultado: composição grosseira, erros e

---

[5] Foi nessa pequena aldeia, perto de Belley, na região de Aix-les-Bains, que Gertrude e Alice passaram parte da ocupação alemã.

numerosas gralhas — a lista é desoladora. Apenas a capa azul como a dos cadernos escolares que Gertrude usa para escrever seus textos corresponde à sua expectativa.

Durante os passeios em Paris, Gertrude fica muito satisfeita ao ver pela primeira vez um de seus livros nas vitrines das livrarias. Alice rapidamente escreve aos amigos para lhes anunciar o acontecimento e os convoca para transformar a tentativa em sucesso, preenchendo ordens de subscrição que lhes são distribuídas.

Seis meses depois, as senhoras levam ao prelo uma coletânea de reflexões sobre a escrita: *How to Write*. Para evitar novas decepções, a impressão dessa vez é entregue a um mestre tipógrafo de Dijon, e, para compensar o custo bastante alto de feitura, Alice suprime a publicidade.

Embora Gertrude tenha recebido numerosas mensagens de personalidades do mundo das letras, cobrindo-a de elogios, seu livro não teve nenhuma ressonância na imprensa, a não ser um texto de Robert Coate no *New Yorker*.

Darantière, cujos trabalhos, habitualmente, são de grande qualidade, entrega-lhes um livro apenas aceitável. A junção imperfeita dos vários cadernos é colada numa encadernação medíocre. "Como é possível?" — pergunta Alice. "O que vocês querem" — responde Darantière — "isso não é feito à mão, mas à máquina." Conseguir uma encadernação comercial comum na França naquela época era muito difícil; os editores franceses só usavam capas de papel, e não de cartolina, como é usual na Inglaterra. Gertrude e Alice estão com azar e avaliam sua inexperiência como editoras. Apesar das imperfeições, os cumprimentos dos amigos consolam Gertrude. Scott Fitzgerald manifesta-se, escrevendo que *How to Write* lhe ensinou muitas coisas. Contudo permanece a dificuldade maior da distribuição da obra nas livrarias.

Alice entrega nas livrarias uma circular desastradamente redigida, na qual o livro é apresentado com ênfase, e cuja autosatisfação pretensiosa só consegue indispor aqueles que têm o encargo de vendê-lo. "É um fato incontestável que a influência de Gertrude Stein sobre a geração dos jovens escritores de hoje foi a força mais vital para as letras americanas", pode-se ler na circular.

Seguem-se considerações sobre a importância e o grande interesse da obra por sua abordagem técnica da arte, bem como uma teoria sobre a escrita. Assustados com essa defesa *pro domo*, alguns livreiros apressam-se em anular seus pedidos antes que ela saia da França para os Estados Unidos. Outros se preocupam com a idéia de se encontrarem diante de um estoque encalhado quando ainda têm uma grande quantidade de exemplares do livro anterior nas prateleiras. O mais alarmante para eles é essa mensagem autoritária de Miss Toklas decretando sem rodeios o envio iminente da nova publicação, sem lhes deixar tempo de voltar atrás.

Uma das livrarias mais abastecidas de Nova York responde que, apesar do desejo de divulgar as obras de Gertrude para a sua clientela, tem de recusar uma nova entrega. Situada no número 41 da West 47th Street, na Gotham Book Mart desfilam as mais notórias personalidades internacionais do mundo literário, musical e político. Criada em 1920 por Miss Frances Steloff, é para Nova York o que a Shakespeare and Company é para Paris. Contrário à censura durante os anos negros, esse estabelecimento assumiu o risco de difundir clandestinamente os livros de James Joyce, D. H. Lawrence e

Henry Miller. Depois de 52 anos passados a serviço dos livros, Miss Steloff se retirou para um apartamento situado acima da livraria, onde morreu aos 101 anos, em 1989.

As senhoras da rue de Fleurus ficam decepcionadas com a venda de suas duas primeiras obras, *Lucy... e How to Write*, mas a sorte por fim lhes sorri com *Before the Flowers of Friendship Faded*, um poema de Gertrude de título desencantado: "Antes que as flores da amizade fenecessem, a amizade tinha fenecido."

Impresso em Chartres, em cem exemplares, num bonito papel fabricado manualmente, foi o único livro da Plain Editions cuja tiragem se esgotou assim que foi posto à venda.

Depois do sucesso desse terceiro livro, Gertrude Stein está firmemente decidida a manter a mesma qualidade nos que se seguirem. Novamente ela interroga Darantière sobre a possibilidade de fazer livros pouco custosos, impressos corretamente, destinados a serem vendidos a um preço razoável além-Atlântico.

Ela está cansada de ver seus livros procurados por colecionadores como objetos raros. Seu desejo é ser lida por estudantes, bibliotecários de colégio e de universidade, por leitores apaixonados por boa literatura.

Alice Toklas fica encarregada de acompanhar, junto a Darantière, os custos de feitura dos livros. Para o impressor, a primeira economia se obtém por meio da composição em monotipo e, em seguida, pela impressão em papel de média qualidade, pouco oneroso. Os livros, guardados em estojos forrados com papel da mesma cor da capa, se apresentariam, parece-lhe, de modo satisfatório. Sob essas condições, Darantière afirma poder realizar economia no preço de custo.

Alice Toklas entrega a Darantière a edição de *Matisse, Picasso and Gertrude Stein*, seguido de *Operas and Plays* e acrescenta neste volume duas narrativas: *A Long Gay Book* e *Many Many Women*, antigos contos datando de sua juventude. Este será o último livro da Plain Editions. Apresentado na forma de grosso volume de quatrocentas páginas, *Operas and Plays* inclui o texto de *Four Saints in Three Acts*, para o qual Virgil Thomson compôs a música em 1927. A colaboração estreita entre os dois artistas é um belo exemplo de osmose entre letra e música. O tema dessa ópera convida à prece pela "paz entre os sexos, a comunidade de fé, a produção de milagres". A obra, publicada em *transition* em 1929, só será apresentada em 1934 no Avery Memorial Auditorium do Wadsworth Atheneum, em Hartford (Connecticut), precedendo de pouco a volta triunfal de Gertrude Stein aos Estados Unidos.

Enquanto os dois últimos livros de Plain Editions estão no prelo, Gertrude passa uma temporada em Billingnin. Ela trabalha na autobiografia de sua companheira, que será publicada sob o título de *The Autobiography of Alice B. Toklas*.[6] Foi Bradley quem lhe sugeriu o título? Ela sempre afirmou que esse tipo de obra não a interessava. Contudo ela começa distraindo-se, pondo no papel alguns capítulos que lhe dão, diz ela, a oportunidade de testar uma nova teoria da narrativa na qual se fala de si por intermédio de outrem. Em seis semanas ela acaba a história da vida de Alice Toklas, que ela descreve em seu jargão como "sua autobiografia, uma das duas, mas qual será, ninguém nunca poderá saber qual delas é".

---

[6]Stein, Gertrude. *A Autobiografia de Alice B. Toklas*. Tradução de Milton Persson Porto Alegre: L&PM, 2006. (*N. da T.*)

Afirmações sibilinas para definir esse livro de histórias, testemunho vivo da literatura americana na Paris pré-guerra.

Bradley está impaciente por ler o manuscrito. Ele sabe que esse livro oferecerá belas perspectivas comerciais. Recebendo o texto gradativamente, entusiasma-se. Escreve a Gertrude que "nem cavalos selvagens poderiam impedi-lo de lê-la em breve".

O editor, Harcourt Brace, dá autorização a Bradley para a publicação. O contrato, num montante de seis mil dólares, especifica que a quantia será igualmente repartida entre a autora e o editor. Gertrude Stein tem a medida de sua revanche.

Depois da autorização de Alfred Harcourt,[7] é a vez de *Atlantic Monthly*, que ela considera a primeira revista literária americana, lhe perguntar se ela aceita publicar *Autobiography* em folhetim. Até então, seu diretor Ellery Sedwick sempre rejeitara seus textos. Contrário à literatura por demais hermética, ele se mostra dessa vez encantado em publicar a mistura de retratos e pequenos fatos reais: "Fizeram muito barulho em torno de sua obra" — ele lhe escreve —, "mas que livro delicioso, e como fico contente em publicar alguns de seus episódios."

Sedgwick acrescenta que, tendo sempre alimentado a esperança de ver a verdadeira Gertrude Stein sair do gueto da literatura, está feliz por submeter aos leitores de sua revista aquela autobiografia cuja estranheza subjacente lhe confere grande originalidade.

A *Autobiografia de Alice B. Toklas* aparece em agosto de 1933 nos Estados Unidos e, no mês seguinte, na Inglaterra.

---

[7]Alfred Harcourt e seu condiscípulo da universidade, Donald Brace, criam em 1919 a editora Harcourt Brace, adquirindo o ativo de Henry Holt. Harcourt Brace editou Virginia Woolf, George Orwell, Malcom Lowry, Cyril Connolly, Sinclair Lewis, Saint-Exupéry...

Foi um sucesso de crítica e de público. Até mesmo Samuel Putman, apesar de amargo, confirma a opinião favoravelmente unânime no *The New York Sun*. "Gertrude Stein é lida, finalmente" —, escreve um cronista parisiense — "porque agora os leitores podem descobrir essa personagem lendária tão longamente renegada."

Bradley felicita-se tanto quanto a autora pelo sucesso do livro, chegando a proclamar que é um dos momentos mais excitantes de sua carreira. É com certeza, para ele, a esperada recompensa depois de tantas decepções. No momento em que está pronto para lançar outro livro dela, Gertrude não tem mais certeza de estar satisfeita com o que lhe acontece. O sucesso tão desejado chegou, mas ele perturba seu conceito de vida. Com sua lógica tão particular, ela constata:

"De repente, tudo ficou diferente; as pessoas compravam meu livro no qual encontravam qualidades; enquanto sempre rejeitaram, até então, aquelas minhas obras que eu considerava as melhores."

Henry McBride, seu velho amigo, lhe dissera um dia que ele esperava que ela jamais tivesse sucesso porque isso estragava as pessoas.

Ela se recusa a dar conferências nos Estados Unidos, sob pretexto de que prefere seu personagem à sua obra. Ela adia a viagem à América e se dedica a um novo livro.

Iniciado durante o inverno, *Four Americans in Paris* constituir-se-á de retratos de quatro americanos ilustres: Ulysses Grant, Wilbur Wright, George Washington e Henry James; ela acha interessante contar a vida desses homens que, como ela, não realizaram seu destino.

Ela conta com o sucesso atual e com Bradley para recorrer a Harcourt, mas este, depois de ter lido a primeira parte de *Four Americans in Paris*, acha a narrativa alambicada e lhe repete o desejo de publicar obras mais ao alcance dos leitores. Gertrude faz ouvido de mercador para essa recusa e despacha Bradley para Nova York para, no caso de não convencer Harcourt, buscar outros editores. Mas nenhum deles parece pronto a fazer uma oferta para aquele livro. As mensagens enviadas por Bradley são cada vez mais decepcionantes. Desapontada, ela o torna responsável de seus fracassos. Suas relações se deterioram. Gertrude Stein tem a impressão de não ser tratada como deveria e acaba acusando seu agente de lhe causar "um prejuízo considerável".

Eis o pobre Bradley às voltas com a vingança de Gertrude. Ela encarrega Alice de recuperar tudo o que lhe pertence e lhe diz que toda a sua correspondência deverá agora ser dirigida a seu advogado.

Assim termina a colaboração entre um homem de boa vontade, um dos melhores agentes da literatura americana na França, e essa escritora dificilmente acessível para o leitor não-iniciado, mas cuja inegável influência sobre os escritores americanos das gerações seguintes não parou de crescer.

Categórica, por vezes de uma fanfarrice provocadora, Gertrude Stein gostava de afirmar que os judeus haviam produzido apenas três gênios originais: o Cristo, Espinosa e ela mesma. O reconhecimento de seu talento de escritora ao qual aspirava nunca perturbou a certeza que tinha de sua genialidade. Freqüentemente em contradição consigo mesma, ela dizia a Bradley: "Quero enriquecer, mas jamais fazer o que for necessário para me tornar rica."

21

"Encontrei James Joyce pela primeira vez de surpresa, durante o verão de 1920" — escreve Sylvia Beach.[1] Naquele dia, sua amiga Adrienne Monnier insistiu muito para que ela a acompanhasse. Então, esmagadas por um calor sufocante, foram a Neuilly, onde moram os Spire, no número 34 da rue du Bois-de-Boulogne.

Sylvia fica impressionada com a figura de Spire:[2] a barba lhe devora as faces, os longos cabelos lembram um personagem da Bíblia gravado por William Blake.

Quando a conversa entre os diferentes convidados se inicia, Spire sopra ao ouvido de Sylvia: "O escritor irlandês James Joyce está aqui." Intimidada com idéia de se encontrar diante dele, Sylvia pensa em fugir. Mas quando Spire lhe diz que foram os Pound que os trouxeram, ela se tranqüiliza.

Pound é freqüentador assíduo da Shakespeare and Company; ela mantém com ele excelentes relações. Mrs Pound

---

[1] Sylvia Beach, em *Shakespeare and Company*, op. cit.
[2] André Spire (1868-1966), escritor, advogado, ligado aos unanimistas, colaborador dos *Cahiers de la Quinzaine*, de Péguy. Autor de *La cité présente, Le secret e Poèmes de la Loire*.

está lá, fala com uma jovem mulher, que apresenta a Sylvia: Mrs Joyce.

Ruiva de cabelos ondulados, Mrs Joyce tem um forte sotaque irlandês. Seu modo um tanto afetado é compensado pelo humor. Diz estar contente de conversar com alguém que se exprima em inglês, pois não compreende uma única palavra do que se fala ao seu redor. "Ah, se fosse italiano!" — exclama ela. — "Passamos tantos anos na Itália que, desde nossa volta de Trieste, todos nós falamos italiano, mesmo em família." André Spire chama os convidados à mesa para um jantar frio. No momento em que serve os copos de cada um deles, um dos convivas afasta a garrafa de vinho e, para marcar bem sua temperança, emborca o copo na mesa. Esse personagem de sobriedade ocasional não é outro senão M. Joyce.

Depois do jantar, enquanto Adrienne Monnier enfrenta Julien Benda[3] em defesa de seus amigos Gide, Claudel, Valéry e outros freqüentadores de sua Maison des Amis des Livres, ofendidos pelo polemista, Sylvia introduz-se na biblioteca onde encontra Joyce apoiado negligentemente nas estantes. Tímida, ela ousa lhe perguntar: "O senhor não é o grande James Joyce?" Aquiescendo, ele lhe estende uma mão frouxa que ela toma na sua, seca e nervosa. Sylvia o descreve tal como o viu naquela noite: "de altura mediana, ele se mantém ligeiramente encurvado; suas mãos são finas; a esquerda usa no dedo médio e no anular anéis engastados com pesadas pedras; por detrás dos óculos, os olhos são bonitos, embora o direito, visivelmente atrofiado, use uma lente mais grossa que o esquerdo. Fronte bombeada, cabelo louro-ruivo jogado para trás.

---

[3]Julien Benda (1867-1956), escritor francês, inicia na *Revue Blanche*. Ligado a Péguy, colabora nos *Cahiers de la Quinzaine*. Sua principal obra, *La trahison des clercs*, denuncia a desistência dos intelectuais.

"Penso que, quando jovem, ele deve ter sido bonito" — escreve Sylvia. (Contudo Joyce tem apenas 38 anos em 1920!) Sua voz é bem timbrada, ele se exprime com certo preciosismo na escolha das palavras e na maneira como as pronuncia, provavelmente por causa do respeito pela linguagem e dos anos que passou ensinando inglês.

Joyce acaba de chegar a Paris, aconselhado por Ezra Pound. Conheceram-se em 1914 graças ao poema *I Hear an Army Charging*[4] que seria publicado em *Des imagistes*, antologia que Pound preparava na época. Foi o início de uma relação amigável, importante para o modernista e para a literatura contemporânea.

Como ele estivesse à espera de moradia, Ludmilla Savitzky, tradutora de *A Portrait of the Artist as a Young Man*[5], publicado em francês com o título de *Dedalus*, lhe empresta seu apartamento no número 5 da rue de l'Assomption.

"O que a senhora faz na vida?" — pergunta Joyce a Sylvia. Enquanto ela lhe fala de seu trabalho como livreira, ele aproxima um caderninho do olho bom e anota o endereço da Shakespeare and Company, cujo nome tanto quanto o de Sylvia parece diverti-lo. De repente, porém, um cão late. Joyce empalidece e começa a tremer. Ele pergunta à interlocutora se o animal vai chegar até eles. Vendo o pobre Joyce muito incomodado, Sylvia o tranqüiliza. O cão está brincando na rua, e seus latidos de alegria não têm nada de ferozes. Por ter sido mordido no queixo quando criança, conservou um medo

---

[4] "Escuto um exército em carga". Em *Chamber Music* [*Música de câmara*. Tradução de Alípio C. Franca Neto. São Paulo: Iluminuras, 1998]. (*N. da T.*)
[5] Joyce, James. *Um retrato do artista enquanto jovem*. Tradução de Bernardina da Silveira Pinheiro. Rio de Janeiro: Alfaguara, 2006. (*N. da T.*)

doentio de cães. A barbicha que usa, confessa ele, serve apenas para esconder a cicatriz.

Sylvia, agora descontraída, continua a conversar com um Joyce amável e atencioso. Chegada a noite, no momento em que ela se prepara para ir embora, Spire pergunta à jovem mulher se ela não se entediou. Entediar-me? Ora essa! Ela tinha acabado de travar conhecimento com James Joyce.

No dia seguinte, ela vê, por detrás da vitrine de sua peque-na livraria da rue Dupuytren — sabemos que ela abrirá a livraria da rue de l'Odéon apenas em 1921 —, Joyce subindo a rua, usando um gasto terno de sarja azul escuro, chapéu de feltro preto jogado para trás, girando a bengala de freixo da Irlanda — presente de um oficial da Marinha irlandesa cujo navio de guerra fazia escala no porto de Trieste. (Seu personagem, Stephen Dedalus, jamais se separa de sua bengala de freixo.) Apesar de sua aparência desleixada, Joyce mantém uma ele-gância natural. O pintor inglês Frank Budgen o encontrou na casa de um amigo em Zurique em 1918 e 1919. Com o olhar experiente de artista, traçou um retrato bem rigoroso de Joyce:[6]

"A saudação que Joyce nos dirige é de refinada polidez européia, mas, pensei, seus modos são distantes, seu aperto de mão pouco caloroso. De perto, não parece grande, embo-ra tenha uma altura bastante acima da média. A ilusão se deve ao talhe frágil, ao sobretudo abotoado e à calça estreita. Ele ouve, mas não olha para o interlocutor. Sua cabeça tem o oval alongado próprio à raça normanda. A cor dos cabelos é escura

---

[6]Frank Budgen (1882-1971), pintor inglês, em: *James Joyce and the Making of Ulysses* (James Joyce et la création d'Ulysse [James Joyce e a criação de Ulisses]). Traduzido do inglês por Edith Fournier, a obra foi publicada nos "Dossiers des Lettres nouvelles", coleção dirigida por Maurice Nadeau (Éditions Denoël).

o bastante para dar a impressão de serem negros à luz noturna. A barba é muito mais clara, castanho alaranjada, e cortada em ponta: elisabetana. Por detrás de lentes grossas, os olhos são de um azul claro e vivo, mas seu desenho é indefinido e a expressão, mascarada. Noto em seguida que em momento de dúvida ou de apreensão seus olhos se tornam azul-celeste e lançam um olhar furioso. Seu rosto é da cor de tijolo vermelho igualmente distribuída. A fronte alta faz um movimento para a frente imediatamente depois da raiz dos cabelos. O maxilar é firme e quadrado, os lábios finos, apertados, desenham uma linha reta [...]. Algo em sua postura lembra uma grande ave pernalta, atenta, preocupada."

Os retratos de Sylvia Beach e de Frank Budgen coincidem suficientemente para que se imagine o personagem de Joyce chegando, naquele dia, à Shakespeare and Company. Seu olhar é imediatamente atraído pelas fotografias de Walt Whitman, Edgar Allan Poe, Oscar Wilde, penduradas nas paredes.

A pequena e desconfortável poltrona na qual ele se instala perto da mesa de Sylvia leva-o às confidências. Ele lhe conta como Pound o convenceu a ir para Paris, o que lhe causou alguns problemas que terá de resolver rapidamente: procurar um teto para sua mulher, Nora, seus filhos, Giorgio e Lucia; encontrar um emprego para alimentá-los e, enfim, gozar de um pouco de calma para concluir *Ulisses*.

Alojar-se é o mais urgente, pois Ludmilla Savitzki em breve vai retomar o apartamento. Para resolver o problema financeiro, ele espera voltar a ensinar inglês, e absorver os gastos ocasionados pela viagem a Paris. Em Trieste, empregado pela escola Berlitz, ensinava inglês a iniciantes. Tarefa maçante para um poliglota que fala italiano, francês, grego, alemão, espanhol e três línguas escandinavas, bem como ídiche e hebraico.

Apesar dos problemas de visão — sofre de glaucoma —, redige à noite, não dita nunca, escreve à mão, pois quer ver o trabalho tomar forma, palavra após palavras. Ele faz questão de terminar *Ulisses*, no qual trabalha há sete anos, para concluí-lo assim que seu problema de moradia estiver resolvido. John Quinn, o famoso advogado colecionador americano compra-lhe página após página o manuscrito de *Ulisses*. Pequenas quantias, diz ele, mas sempre bem-vindas.

As corajosas tentativas de *The Little Review* para publicar excertos de *Ulysses* nos Estados Unidos sempre se chocaram com a censura. Os sucessivos confiscos, os processos, as condenações impostas aos contraventores pelos tribunais de Nova York não encorajam os eventuais editores a pensar em publicar seu livro quando estiver concluído.

O romancista conta a Sylvia que, recentemente, quase quarenta editores recusaram seu livro *Dubliners*.[7] Ele recorda:

"Em 1914, depois de uma luta de nove anos pela publicação, meu livro — escrito em 1905 — custou-me processos, viagens e despesas postais por volta de três mil francos; mantive correspondência com sete advogados, 120 jornais e homens de letras, e todos, salvo Ezra Pound, recusaram-se a me ajudar."[8]

Freqüentador da livraria de Sylvia Beach, Joyce ali encontra jovens escritores com os quais estabelece relações amigáveis: Robert McAlmon, William Bird, Ernest Hemingway, Archibald MacLeish, Scott Fitzgerald, Thornton Wilder, bem como o compositor George Antheil. Apesar de adulado por eles,

---

[7] Joyce, James. *Os dublinenses*. Tradução de Hamilton Trevisan. Rio de Janeiro: Civilização Brasileira, 2006. (*N. da T.*)
[8] Carta datada de 8 de julho de 1917, citada por Richard Ellman em *James Joyce*, tradução de André Cœuroy e Alexis Tadié, Gallimard, 1962.

Joyce não se coloca jamais como um mandarim. Mantém com os jovens uma atitude de familiaridade. Sem desprezar ninguém, dirige-se aos jovens colegas com a mesma delicadeza que aos garçons ou às crianças. Concede à empregada atenção principesca. Curioso, escuta os mexericos da porteira da rue de l'Odéon com a mesma atenção que as digressões de Ezra Pound sobre a poética de Mallarmé, e não sai do táxi antes que o motorista tenha acabado de lhe contar sua história. Solta freqüentes exclamações, mas nunca palavrões; sua expressão preferida — "*Già!*" — é italiana. Fala com naturalidade, sem grandiloqüência, não gosta de superlativos, espanta-se que se diga que o tempo "está muito bonito", quando "bonito" lhe parece suficiente. Cortês, fica chocado de ver os compatriotas entrando e saindo da livraria sem um sinal de polidez, contentando-se com um "Oi, Hem! Oi Bob!", em vez de bom dia. Da mesma forma, desagrada-lhe ouvir Paul Valéry referir-se a Adrienne chamando-a de "Monnier", e a Sylvia pelo nome. Ele também não faz questão de que o tratem com excessivo respeito: o "caro mestre" que alguns escritores lhe dirigem parece-lhe zombeteiro. Satisfaz-se com um simples "Senhor Joyce".

Recatado, cora como um noviço ao ouvir Léon-Paul Fargue contar na casa de Adrienne Monnier histórias um pouco picantes diante de um auditório de senhoras, quando ele mesmo não acha inconveniente pôr diante dos olhos femininos alguns trechos escabrosos de seu *Ulisses*.

Quando visita a família Joyce, Sylvia se surpreende ao vê-lo ser repreendido pela esposa como se ele fosse um menino levado, e dar a impressão de gostar. Nora apoquenta tanto o marido quanto os filhos, chama todo o seu povinho de vagabundo, lamenta-se por ter um marido que não pára de "escrevinhar" e diz jamais ter lido uma linha do que ele escreve.

Ela exclama: "Se pelo menos eu tivesse me casado com um fazendeiro, ou com um banqueiro, ou um trapeiro!"

Seus esforços para se parecer com um chefe da família responsável e realizado, embora tocantes, não são apreciados nem reconhecidos. Sua distração e inaptidão para observar as convenções da vida revelam sua marginalidade inata. Diante dos fenômenos incontroláveis da natureza — tempestade, mar agitado, precipícios, doenças contagiosas — se mostra sem coragem. Suas superstições, das mais convencionais, são de uma infantilidade desarmante: um guarda-chuva aberto no apartamento, um chapéu pousado na cama, o encontro de duas religiosas são para ele anúncios de malefícios ou de catástrofes. Algumas datas ou alguns números se ligam a acontecimentos felizes ou desastrosos. Curiosamente, os gatos pretos que atravessam seu caminho são portadores de sorte ou de felicidade, mas os cães são desprezados. Contudo Joyce não ignora que Argos, o fiel cão de Ulisses, morre de alegria ao reencontrar o mestre de volta de sua longa odisséia.

> *Quando por fim retornou*
> *À pátria o sábio Ulisses*
> *Seu velho cão dele se lembrou.*

Mas o autor de *Ulisses* permanecerá para sempre surdo aos cantos de Homero e à *Chanson du mal-aimé* de Apollinaire. Nem mesmo um grande poeta poderá vencer a repulsa contra a raça canina.

22

Miss Harriet Weaver, pioneira da publicação de textos de James Joyce em sua revista *The Egoist*, divulgou aos leitores *Um retrato do artista quando jovem*. Depois da descoberta de James Joyce por Ezra Pound, o irlandês logo se tornou um escritor emblemático para todos os que gravitam em torno do poeta dos *Cantos*. *Dedalus* é elogiado por H. G. Wells, apoiado por T. S. Elliot, admirado por Hilda Doolittle (H. D.), Bob McAlmon, Hemingway... Todos os exilados de Montparnasse acompanham apaixonadamente os esforços de Harriet Weaver para editá-lo. Luta antecipadamente perdida, já que os impressores ingleses e americanos estão submetidos, da mesma forma que os editores americanos, aos regulamentos da censura. Como se viu, Margaret Anderson e Jane Heap, responsáveis pela *Little Review* em Nova York, tiveram dificuldade em enfrentar dois confiscos sucessivos sob acusação de obscenidade. Embora defendidas por John Quinn, o fervoroso advogado de Joyce, elas foram condenadas a multas que as arruinaram, fazendo afundar a revista, eleita, contudo, pela vanguarda americana.

Desanimado, Joyce perde a esperança de ver *Ulisses* publicado nos Estados Unidos ou na Inglaterra. Abatido, confessa a Sylvia: "*Ulisses* jamais será publicado." Não se sabe o que leva a jovem mulher a lançar a Joyce um desafio, propondo-lhe: "Você permitiria que Shakespeare and Company tivesse a honra de publicar seu *Ulisses?*"

A pergunta, vinda daquela livreira inexperiente, pouco depois de se terem conhecido, provoca surpresa. Será que ela quer aplacar sua tristeza, ou acredita ter como realizar seu desejo? Editar um livro considerável, sem a esperança de vencer a barreira da censura para exportá-lo, é um empreendimento delicado e arriscado. A resposta afirmativa, entusiasta e alegre de um Joyce radiante surpreende-a. Aquele sim, Sylvia jamais o esquecerá. Embora sua imprudente proposta a alegre, ela não demora a se preocupar diante da importância da tarefa que a espera.[1]

A edição parisiense do *Time*, e em seguida as dos diários anglo-saxões de Paris se apaixonam pelo projeto de Sylvia. Todos os jornalistas se perguntam: mas quem é essa jovem livreira que se compromete a publicar um livro cuja reputação sulfurosa já está garantida? Por que a jovem americana assume semelhante risco? Logo classificam a Shakespeare and Company na categoria dos editores de obras eróticas, pois *Ulisses* se assimila aos livros classificados como X, diríamos hoje.

Sylvia recebe manuscritos pornográficos, e os curiosos que entram na livraria ficam decepcionados. Miss Beach, filha e

---

[1]Muito se falou sobre a origem da publicação do *Ulisses*. A idéia de editar *Ulisses* vem de Sylvia Beach ou de Joyce? As lembranças de Sylvia Beach e de James Joyce são imprecisas. Suas declarações se contradizem. Adrienne Monnier não põe em dúvida a versão de Sylvia Beach.

neta de pastores, usando um tailleur sóbrio de veludo preto, óculos de armação de aço pendurados no nariz, parece antes uma adepta do movimento quacre do que uma cortesã sedenta de volúpia. Shakespeare and Company tornou-se o ponto estratégico para os turistas anglo-saxões, numerosos em Paris, curiosos de conhecer a livreira audaciosa que lança uma obra proibida em seu país; um livro que faz correr muita tinta antes mesmo de ser impresso.

Joyce nunca tomou partido no conflito que desde muito opõe Inglaterra e Irlanda. Não quer se apresentar como um escritor oprimido. Habitualmente, faz uma pintura imparcial de seu país. Embora os personagens ingleses de seus livros sejam freqüentemente tratados como estrangeiros e, às vezes, como inimigos, ele não procura absolutamente idealizar o tipo irlandês. Ao escrever *Os dublinenses, Um retrato do artista quando jovem* e *Ulisses*, certamente faz mais do que os nacionalistas para dar a seu país identidade intelectual e notoriedade literária. Escrever em inglês comprova que não procura apenas ser um escritor irlandês, tanto é que escrever em gaélico teria sido para ele confinar-se num provincianismo estreito, sem ressonância internacional. A língua da Irlanda de hoje é o inglês, assim como o inglês é a língua dos Estados Unidos: não um idioma nacional, mas uma língua literária.

Quando se instalou na nova livraria na rue de l'Odéon, Sylvia quis pendurar numa trave uma tabuleta na qual estaria representado um retrato do grande Will. Seria uma premonição? Ele tem uma falsa semelhança com Joyce, embora o pintor Wizner, encarregado de pintar um Shakespeare imaginário, jamais o tenha encontrado.[2]

A iniciativa de Sylvia dá a Joyce uma energia nova. Ele se empenha em vencer as reticências de Harriet Weaver que se recusa a publicar sua edição do *Ulisses* simultaneamente com a de Paris — edição que ela planeja há muito tempo. Contudo aceita sem dificuldade comunicar-lhe a lista de eventuais assinaturas.

Lamentavelmente, a euforia de Joyce não é comunicativa. Sylvia, desencorajada diante da amplitude do trabalho a ser realizado, entra em pânico ao constatar sua inexperiência com publicação. Segundo suas palavras, ela escolheu para iniciar "o livro mais difícil do mundo". Embora não conhecesse James Joyce, Adrienne Monnier lhe oferece apoio e se compromete a levá-la a Maurice Darantière, impressor de Dijon, para ouvir seus conselhos sobre a arte e o modo de fabricar um livro.

A conselho de Adrienne, Sylvia pensa realizar uma tiragem de mil exemplares, o que Joyce não considera razoável. De acordo com ele, seria suficiente imprimir 12 exemplares chegando até a sugerir-lhe, um dia, a redução da tiragem de dois exemplares. Enquanto Sylvia redobra de coragem, Joyce, por sua vez, se torna pessimista quanto à seqüência dos acontecimentos.

Decidiu-se mandar imprimir três edições: a primeira, de cem exemplares em papel Holanda, assinadas pelo autor ao preço de 350 francos; a segunda, de 150 exemplares em Vergé

---

[2]Charles Wizner, pintor e ilustrador inglês nascido em Varsóvia em 1886. Viajou para a Índia, Nepal, Ceilão onde foi inspetor de belas artes. Os museus das grandes cidades inglesas conservam obras suas.

d'Arches, por 250 franco; o restante, ou seja, 750 exemplares em papel tradicional, a 150 francos. Para os rabugentos, que acham os preços muito altos, Sylvia Beach justifica os custos e se revolta: "Levando-se em consideração os sete anos que Joyce dedicou ao livro, e sua perda de visão, isso não me parece caro."

Darantière, sempre atento às aventuras editoriais da nova literatura, leva em consideração o empreendimento de Sylvia. Ela lhe garante que James Joyce é de longe o maior escritor de língua inglesa de seu tempo. A autoridade com a qual ela sustenta esse ponto de vista não deixa de influenciar o impressor. Depois de violenta negociação, Darantière aceita que o pagamento da fatura seja feito segundo as condições financeiras impostas por Sylvia. Porque a caixa da Shakespeare and Company é alimentada apenas pela venda e empréstimo de livros de pouca rentabilidade, o fracasso da venda de *Ulisses* provavelmente colocaria em risco a própria existência da livraria.

Sylvia informa os assinantes: a encomenda só será considerada mediante pagamento e, por medida de precaução, ela só mandará imprimir a obra quando estiver de posse de um número suficiente de assinaturas que cubram as primeiras despesas de fabricação.

Sylvia pode ficar orgulhosa e satisfeita com sua negociação com Darantière. Ela concorda que ele foi "muito legal" por ter atendido a todas as suas exigências.

A difusão e coleta dos certificados de subscrição mobilizam os leais à Maison des Amis des Livres sob a batuta de Adrienne Monnier. Ezra Pound, um dos primeiros assinantes, avisa os amigos franceses e estrangeiros: W. B. Yeats, André

Gide — mais por amizade do que por interesse pela obra; Hemingway assina vários exemplares; quanto a McAlmon, não termina sua ronda pelos cafés e bares de Montparnasse sem ter colhido uma boa safra de certificados assinados: "seus buquês apressados", que todas as noites ele põe debaixo da porta da Shakespeare and Company, como homenagens a Sylvia.

George Bernard Shaw, briguento, referindo-se à leitura de algumas passagens de *Ulisses* nas revistas, acusa Sylvia de publicar um livro obsceno, e diz estar persuadido de que nenhum de seus compatriotas vai querer desembolsar 150 francos por aquela "narrativa revoltante de uma etapa nojenta da civilização". Ele vê em Sylvia "uma jovem bárbara enfeitiçada pela excitação e pelo entusiasmo que a arte suscita em indivíduos apaixonados". Sylvia se abstém de responder que a obra de Joyce a emocionou mais do que tudo o que ele próprio escreveu, e que sua lista de uns quinhentos assinantes é uma réplica sem apelação contra seus prognósticos mais derrotistas.

G. B. Shaw está redondamente enganado. Na lista figuram vários nomes irlandeses misturados aos de americanos, ingleses, belgas, franceses, noruegueses, suecos e chineses.

No mês de maio de 1921, o montante das subscrições recolhidas é suficiente para que Sylvia instrua Darantière a começar a composição. As primeiras provas são entregues no mês de junho seguinte. Joyce recebe os cinco jogos esperados a fim de remanejar ou ampliar a obra. Tendo Sylvia lhe concedido toda a liberdade para fazer no texto todas as correções que ele julgar necessárias, Joyce não se abstém de rasurar, reescrever passagens inteiras, o que alarma Darantière. Obediente à vontade do autor e do editor, o impressor lhes mostra que o número de páginas já aumentou em mais de 1/3. Ele alerta Sylvia sobre as despesas que as correções acarretam. Ela não poderia intervir para frear "o apetite de provas" do autor? — pergunta ele. Recompor incessantemente paquês inteiros de texto vai pesar na fatura e expô-la ao risco de mergulhar no "lamaçal financeiro" que ela quer realmente evitar. Os avisos e os argumentos de Darantière não são ouvidos. Resignada, Sylvia lê e relê as provas, recusando-se a impor o menor constrangimento ao autor, "para que fosse exatamente como Joyce queria". Para ela, o sacrifício exigido por *Ulisses* deve ser proporcional à grandeza da obra que se dispõe a editar.

Assistida pela jovem grega Myrsine Moschos, uma de suas assinantes — "feliz presságio," diz Joyce —, Sylvia está mais bem assessorada. Ela se felicita também pelos serviços prestados por Helena, irmã de Myrsine, que se encarrega do contato entre Joyce e a livraria de cuja manutenção é responsável. A recente mudança da rue Dupuytren para a rue de l'Odéon tendo prejudicado um pouco a edição de *Ulisses*, a ajuda dedicada de suas jovens helenas chegou na hora certa.

Recrutar datilógrafas capazes de copiar os manuscritos de *Ulisses* revela-se cada vez mais difícil. Muitas voluntárias desistem rapidamente. Nove desistiram de bater o famoso capítulo de Circe. Cyprian, irmã de Sylvia, vem por um tempo em socorro. Em seguida, a mulher de um funcionário da embaixada da Inglaterra teria provavelmente conseguido se o marido, chocando-se ao ler por cima do ombro da esposa o texto que ela datilografava, não tivesse jogado ao fogo as páginas do manuscrito. Aterrorizada, Sylvia avisa a Joyce, e lhe pede que reponha o mais rápido possível uma duplicata. Impossível, a única cópia da parte destruída já foi enviada a John Quinn, o advogado nova-iorquino, comprador atencioso do manuscrito. Apesar das súplicas de Sylvia e de Joyce, o viciado em manuscritos se recusa de início a emprestar o capítulo "Circe em Paris", mas acaba aceitando mandar fazer uma fotografia. Quando ela chega, descobrem, felizmente, que o texto é nitidamente mais legível na foto do que no original perdido.

Na tipografia velha, mas pitoresca de Darantière, os tipógrafos entregam-se dia e noite à decifração dos garranchos de Joyce, tarefa árdua para quem não sabe uma palavra de inglês.

Joyce exige que as capas de seu livro sejam da cor azul. Não qualquer azul: o da bandeira grega, não encontrável nas papelarias. Essas pesquisas maçantes e vãs acabam minando a paciência do impressor e da editora. Sylvia diz não poder olhar a bandeira azul com a cruz branca flutuando sem ter enxaqueca. Joyce não desiste: nenhuma das amostras de azul que lhe são apresentadas corresponde ao azul do estandarte heleno.

Durante uma viagem à Alemanha, Darantière descobre finalmente o papel azul não encontrável. Que pena! A gramatura do papel não possui a rigidez suficiente para uma capa. Então o impressor decide litografar o azul sobre cartolina branca; aquele azul e o branco aproximam-se mais ou menos das cores nacionais da Grécia.

A editora e o impressor de *Ulisses* ainda não esgotaram o cálice da amargura das reivindicações de James Joyce. Ele decreta, agora, que seu livro deve aparecer obrigatoriamente a 2 de fevereiro de 1922, no seu quadragésimo aniversário, quer dizer, exatamente dali a dois meses. Essa decisão arbitrária e imprevista derruba o calendário fixado pela tipografia. Diante da recusa que lhe é oposta, ele insiste, escrevendo dezenas de cartas a Sylvia e a Darantière, suplicando-lhes de fazer de modo a que um exemplar de *Ulisses* lhe seja entregue no dia de seu aniversário. Sylvia, disposta a satisfazer uma vez mais ao capricho de seu grande homem, e compreendendo o quanto ele se deleita antecipadamente em celebrar, naquele dia, os dois acontecimentos essenciais em sua vida, cede às suas súplicas, parte para Dijon e implora que Darantière faça o impossível para confeccionar um exemplar do livro para 2 de fevereiro. O impressor acaba aceitando preparar um volume que ela poderá entregar solenemente a Joyce por seus 40 anos. Darantière fará ainda melhor: a 1º de fevereiro, véspera do aniversário do quadragenário ilustre, entrega ao maquinista do expresso para Paris, que chegará à gare de Lyon no dia seguinte às 7 horas da manhã, um pacote contendo dois exemplares do *Ulisses*.

Naquela manhã, Sylvia espera ansiosamente ver aparecer no fim da plataforma a imponente locomotiva Pacific 231, do PLM, rebocando o expresso vindo da Côte d'Azur. Quando o trem finalmente pára em meio à algazarra e aos jatos de vapor, o maquinista salta da máquina, surge diante de Sylvia e lhe entrega o pacote como quem oferece um buquê. Ofegante, ela abre o embrulho. Os dois exemplares com capa azul lá estão: o exemplar número um, para Joyce — ela vai entregá-lo em seu caminho de volta; o número dois, para ela, vai ocupar o lugar de honra na vitrine da Shakespeare and Company.

Na alegria daquele lindo dia, Joyce, agradecido, apesar dos numerosos erros tipográficos da obra, escreve a Sylvia: "Não posso deixar passar este dia sem lhe agradecer por todo o trabalho que você teve com este livro." Ele junta ao bilhete um pequeno poema apressadamente composto "segundo William Shakespeare".

Quem é Sylvia, o que é ela então
Para que todos os escribas a louvem?
Ela é ianque, jovem, corajosa.
O Oeste, esse modo lhe emprestou,
Para que os livros todos fossem publicados.
É ela tão rica quanto corajosa?
Mas à fortuna falta às vezes audácia,
As multidões em torno dela acorrem
Para assinar Ulisses
E tendo assinado, gravemente duvidam.
Então, louvemos Sylvia.
Sua audácia está na venda.
Ela pode vender qualquer obra mortal,
A mais tediosa que possa haver,
Encaminhemos-lhe os compradores.

Toda a tiragem de Ulisses tendo sido assinada, e a clientela avisada da publicação do livro, resta acalmar a impaciência dos leitores, apressados em receber seu exemplar. Sylvia
fica um pouco preocupada com a demora da entrega, pois
Darantière não pôde até o momento fornecer-lhe mais do que
cinqüenta exemplares. No mês de março, não agüentando
mais, ela parte para Dijon com Adrienne Monnier para tomar com o impressor as medidas necessárias a fim de obter
prazos mais rápidos de expedição. Depois disso, os pacotes
chegam num ritmo regular e acabam invadindo a loja, a ponto
de deixar pouco espaço para as atividades da livraria. Para abre-
viar a espera dos assinantes, todos se põem a embrulhar, amar-
rar, etiquetar e entregar os pacotes na agência dos correios
próxima. Myrsine e Hélène Moschos, as dedicadas meninas
gregas, se agitam diante de Joyce, mais disposto a supervisio-

nar as senhoritas do que participar — embora ele tenha sido surpreendido um dia colando etiquetas e indo ao correio curvado sob o fardo de sua obra-prima.[3] Prudente, ele aconselha Sylvia a dar prioridade à postagem dos exemplares destinados à Irlanda. Ele é informado de que o novo ministro dos Correios de seu país, assistido por um comitê de vigilância zeloso, está nas mãos do partido clerical. Essa alteração pode agravar as medidas coercitivas de embargo. Felizmente, antes que a administração dos correios irlandeses descubra a introdução em seu território da obra excomungada, todos os destinatários acusam recebimento do livro.

Vencer as chicanas da alfândega americana é muito mais perigoso. Embora os exemplares endereçados a John Quinn e a outros assinantes americanos tenham chegado ao destino, outros custaram a ser entregues aos destinatários, ou foram confiscados e destruídos na chegada. Para enganar a vigilância dos funcionários das alfândegas, é indispensável usar de astúcias que as senhoras da rue de l'Odéon são incapazes de imaginar.

Ao confiar suas dificuldades a Hemingway, este tem a idéia de montar uma astuciosa operação de contrabando. Trata-se de convencer um jovem pintor chamado Barnet Braverman de receber os livros em Windsor (Ontário), no Canadá — país onde *Ulisses* não é alvo de nenhum embargo —, e passar um a um os exemplares destinados aos assinantes americanos, levando-os a bordo da balsa que faz a ligação com Detroit (Michigan). Braverman, o bem chamado,[4] esconderá o livro entre seus petrechos de pintor e fará quantas travessias forem

---

[3] Peso de um exemplar: 1,5 kg.
[4] O nome Braverman significa em inglês: o homem mais corajoso. (*N. da T.*)

necessárias para o encaminhamento dos quarenta exemplares nos Estados Unidos. Esse ardil funcionou perfeitamente, dando-lhe um trabalho enfadonho. A cada viagem ele tinha de abrir cuidadosamente o pacote do lado da fronteira canadense, tirar o livro e, em seguida, tornar a embrulhá-lo do lado americano para enviá-lo ao destinatário.

Depois da entrega do último exemplar, Braverman enviou a Sylvia sua conta num total de 53,34 dólares. Ele aproveitou para perguntar quem o havia recomendado em Paris para executar uma tarefa tão boba. Quanto a Joyce, encantado com o modo como o pintor cumpriu sua missão, enviou-lhe um exemplar de *Ulisses* com dedicatória.

Terminada a distribuição dessa primeira tiragem, uma segunda já está no prelo. A partir daí, Sylvia Beach pretende preservar suas prerrogativas de editora de *Ulisses*, mantendo uma colaboração assídua com Joyce, apesar de suas exigências e de seu despotismo em todos os momentos. Ela considera o complexo trabalho de editora positivo e enriquecedor. Quanto a Joyce, ele não pensa absolutamente em pôr fim às relações com sua "divertida pequena editora".

Ao longo das semanas que se seguem à publicação de *Ulisses*, Joyce aos poucos toma posse da Shakespeare and Company, incrustando-se cada dia mais, para se tornar — segundo Sylvia — um "verdadeiro carrapato". Ela própria e suas colaboradoras são inteiramente monopolizadas e sobrecarregadas. Ele as incumbe de redigir sua correspondência, de manter sua contabilidade de autor, de garantir as relações com os editores estrangeiros para eventuais traduções de *Ulisses*, de fazer suas compras, de supervisionar suas despesas, de marcar encontros e de protegê-lo dos jornalistas e dos importunos. A veneração de Sylvia é ilimitada. Ela cede a todos os seus caprichos com uma abnegação absoluta. Só lhe opõe resistência no dia em que ele tenta transformar Shakespeare and Company num escritório centralizador de sua obra.

Quando Joyce constata que os mil exemplares da edição de Sylvia são insuficientes para atender à demanda, ele sugere a Harriet Weaver — que deveria adiar a edição de *Ulisses* por causa de sua condenação e do desaparecimento da *Little Review* — que proceda à sua própria edição na Inglaterra. Foi ela quem recentemente editara *Os dublinenses* e *Um retrato do artista quando jovem*. Assim, logo que Joyce tem certeza de que ela se lança ao trabalho, pede a Sylvia — sem dizer uma palavra sobre o acordo que fez com Harriet Weaver — autorização para utilizar a composição original. Foi difícil para a moça recusar-lhe o favor que forçosamente beneficia os lucros da obra.

Sem dinheiro, Joyce pressiona Harriet Weaver para publicar seu livro o mais rapidamente possível, nem que fosse para desencorajar as edições piratas e tirar proveito dos pedidos não atendidos por Sylvia.

A nova edição é entregue a uma pessoa experiente: John Rodker, escritor e editor que sucedera a Pound em *The Little Review*. Ao encontrar Darantière em Dijon, ele constata que não poderá corrigir os erros tipográficos da edição anterior sem grandes despesas. Decide, então, na falta de melhor solução, acrescentar ao livro uma errata. Concluída em outubro de 1922, a tiragem de dois mil exemplares posta à venda ao preço de 2,2 dólares esgota-se rapidamente em Paris. Por outro lado, a importação na América e na Inglaterra não tem sucesso; quinhentos exemplares serão confiscados ou destruídos pela administração postal de Nova York.

Livreiros de Paris, clientes fiéis de Sylvia Beach, se escandalizam ao ver aparecer uma nova edição, e acusam Sylvia de infringir o princípio das publicações com tiragem limitada e numerada. Segundo eles, a nova edição, vendida a um preço menor do que a anterior, vai paralisar suas vendas. Eles consideram que essa "fraude vergonhosa" é uma cópia exata da edição original.

Já que Joyce assumiu a responsabilidade de tramar, em segredo e precipitadamente, esse acordo com Harriet Weaver, Sylvia se desinteressa das dissensões provocadas por esse negócio e lhe transmite as recriminações dos livreiros.

Encarregado pelo pai, o filho de Joyce desenvolve uma pesquisa junto aos livreiros parisienses de literatura anglo-saxônica para verificar a recepção do livro recentemente reeditado. Quando o jovem Giorgio conta ao pai que nem Brentano's, nem Terquem, nem Galignani sofreram perdas por causa da segunda edição, Joyce se assanha e vai logo comunicar sua satisfação a Harriet Weaver. Em carta, ele garante que todos constataram que, pelo peso e formato, a edição não acarreta nenhuma confusão possível com a original publicada por Sylvia Beach. "Nenhum bibliófilo tem o direito de me dizer quantos exemplares de meu livro devem ser infligidos a um mundo tolerante" — declara Joyce. Por bravata, acrescenta: "Qualquer boicote organizado contra *Ulisses* falharia."

Os atritos surgidos com essa nova publicação não prejudicaram as relações entre Sylvia Beach e James Joyce; como também não ameaçaram sua colaboração. A cooperação entre ambos se estenderá até 1939. Nesse ano, *Ulisses* será publicado nos Estados Unidos, mas confinado à prateleira reservada aos livros eróticos das livrarias, entre *Fanny Hill* e *Raped on the Rail*, embora, para Joyce, 5%, não mais, de sua obra possa ser considerada erótica.

Foi uma grande satisfação para Sylvia Beach ter publicado nove edições de *Ulisses*, totalizando perto de trinta mil exemplares. Embora a maioria das vendas tenha sido feita por assinatura ou por intermédio das livrarias, às vezes turistas vão à Shakespeare and Company para comprar um exemplar. Nesse caso, Sylvia cobre prudentemente o livro vilipendiado com a sobrecapa de um volume de título irrepreensível, por exemplo, "Obras completas de William Shakespeare em um volume".

A partir daí, Sylvia pensa ser inútil demonstrar ao leitor em busca de licenciosidade a qualidade literária da obra de Joyce, tão patente é sua classificação entre os livros proibidos; uma reputação que não deixa de oferecer ao autor ganhos cômodos. Seus direitos alcançam 70% do lucro bruto, o que não o impede de exigir adiantamentos sobre as próximas edições, obrigando Sylvia a desistir de sua parte do lucro, antes mesmo de tê-la recebido.

"Shakespeare and Company sempre foi mais folclórica do que remuneradora" — diz ela com uma indulgência mesclada de fatalismo.

Nos anos 1930, a pirataria de *Ulisses* nos Estados Unidos tornou-se prática corrente. Para Sylvia e para o autor, é uma perda importante. Na opinião de Joyce, Sylvia deveria fechar a livraria e abrir outra na América, a fim de editar *Ulisses* em seu próprio país. A interessada não entende assim; ela afirma que jamais deixará a rue de l'Odéon. Sugere então a Joyce procurar um editor além-Atlântico. Como resposta, ele lhe apresenta um contrato exigindo que ela conceda os direitos universais do livro, reservando-se, eventualmente, a possibilidade de lhe ceder os direitos a um preço que ela mesma estabelecerá, em data a ser fixada de comum acordo.

Em 1930, quando uma edição americana é publicada à revelia deles, Sylvia Beach põe à venda sua décima primeira edição de *Ulisses*, em tiragem de quatro mil exemplares; sua maior tiragem.

Em 1933, o juiz Woosley toma a decisão histórica de suspender a proibição que recai sobre *Ulisses*, declarando que a obra "[...] é uma poção forte, um pouco emética, mas não afrodisíaca". As edições Random House decidem imediatamente publicar a obra de James Joyce.

Com certa astúcia dissimulada Joyce vai, pouco a pouco, afastar Sylvia das negociações com os editores internacionais. Um dia, ele a interroga sobre o preço que pediria para ceder os direitos de *Ulisses*. Ela lhe responde, caçoando, "25 mil dólares". Outro dia, ela recebe a estranha visita de um *missi dominici* que vem lhe demonstrar que, se ela se mantivesse como editora de *Ulisses*, poderia prejudicar os interesses de Joyce, e que, além disso, o contrato que fixa as condições da colaboração entre eles não tem nenhum valor jurídico.

Essas manobras cansam Sylvia? Acontece que ela telefona para Joyce para lhe dizer que deseja se liberar de seu encargo e que ele pode dispor à vontade de *Ulisses* nas condições que ele desejar. Decisão prenhe de conseqüências para a Shakespeare and Company. Despojada de parte de sua principal fonte de renda e, por outro lado, fragilizada pela crise econômica que se instaura no início dos anos 1930, a livraria, privada em grande parte de sua clientela de turistas americanos, periclita. Decidido a salvá-la da falência, um grupo de amigos e de escritores cria uma associação, "Os Amigos da Shakespeare and Company", que organiza sessões de leitura mensais com Eliot, Hemingway, Gide, Valéry, cujo ganho permite manter o estabelecimento aberto.

Desprezando os acordos, Joyce jamais indenizará a amiga da primeira hora dos direitos que ela detém de sua obra. Depois de dez anos de luta para fazer com que fosse aceita a obra-prima do escritor que ela venera, Sylvia, tristemente resignada, decide dar fim à colaboração entre eles. Observando que jamais foi interesseira, experimenta, dolorosamente, a separação, sem indenização, da obra que executou com perseverança e abnegação até sua realização.

Joyce, que ainda recentemente, vituperava contra os indelicados que exploravam sua obra sem pudor e na ilegalidade, dá, por sua vez, um exemplo lamentável de desvio em proveito próprio dos frutos de um trabalho coletivo.

23

Em 1925 e 1926, a amizade entre Fitzgerald e Hemingway está no auge. Scott Fitzgerald, mais que nunca atento ao trabalho de Hemingway, participa da revisão de *O sol também se levanta*. Hemingway, porém, ignora essa generosa contribuição. Ele não quer dever nada a ninguém. Afirmará, em *Paris é uma festa*, que Fitzgerald não teve nenhuma influência sobre ele, que jamais lhe mostrou o texto de *O sol também se levanta* antes de entregá-lo ao editor. Hemingway tem memória fraca. Scott teve grande participação nas modificações introduzidas no manuscrito. Suas sugestões levaram Hemingway a retrabalhar o romance durante o inverno de 1925-1926, e isso sem dizer uma palavra ao amigo.

Em abril de 1926, ele recorre novamente a Scott antes de enviar o romance a Scribner. Ele oscila entre a confiança e a dúvida. "Espero muito que você goste dele. Você o verá em agosto" — escreve a Scott. Em seguida: "Você não gostará dele." Indeciso, espera uma aprovação, deseja-a favorável. Hemingway avisa Scott de que lhe entregará o romance em Juan-les-Pins — onde os Fitzgerald alugam a vila Paquita — ou em Antibes, na casa dos Murphy. Acrescenta: "Teus conselhos e mais ainda serão bem-vindos. Ninguém leu nada até agora." Ele acrescenta à carta uma paródia que brinca com *Gatsby* e com o tema que Scott desenvolverá, oito anos mais tarde, em *Suave é a noite*. Fitzgerald se abstém de comentar essa patada pérfida. Em desforra, mostra-lhe que se engana ao afirmar que não existem salmões no lago Superior. Em *Gatsby*, um personagem do romance, o jovem James Gatz, é "pescador de salmões e de mariscos", no maior dos Grandes Lagos americanos. Hemingway, para quem a pesca não tem nenhum segredo, fica encantado por descobrir um erro em Scott. Fitzgerald, ofendido com a observação, lhe responde que a *Encyclopædia Britannica* indica a existência ali de salmões ou de trutas salmonadas. Hemingway, com uma escapatória, responde a Scott: "Há mil vezes mais salmões na *Encyclopædia* do que no lago Superior."

Mais desleal ainda é o rascunho de introdução encontrado, no qual Hemingway visa perfidamente Fitzgerald a respeito da reflexão do garagista de Gertrude Stein sobre os escritores e a geração perdida. "Ele faz questão" — escreve — "de não ser solidário com esses falsos escritores. Para ele, o engajamento na literatura é serio. Assim é que ele condena sem apelação aqueles que publicam apressadamente crônicas frívolas por motivos alimentares."

Dedicado ao filho, *O sol também se levanta* é elogiado por Perkins, seu editor na Scribner's. Os elogios, porém, apenas mascaram críticas severas emitidas pela comissão editorial. Perkins objeta aos colegas que recusar o primeiro romance de Hemingway teria repercussões negativas para o nome da casa já muito conhecida por seu excessivo conservantismo. Ele observa, na ata da reunião, que o livro é aceito, "apesar das reservas". Numa correspondência datada de 29 de maio, Perkins informa Fitzgerald das críticas levantadas por sua comissão editorial. Quando recebe a carta, Scott já havia aconselhado Hemingway a retrabalhar o romance.

Naquele momento, Hemingway fica feliz porque seu livro agrada a Perkins. Desejando também a opinião do amigo, ele deposita uma cópia em sua casa. Sem demora, Fitzgerald a lê com muita atenção, considerando prova de amizade trazer sua ajuda para assegurar uma boa sorte ao primeiro livro de um autor que ele impôs na Scribner's. Em carta circunstanciada de dez páginas, Scott alterna julgamentos acerbos e cumprimentos entremeados de desculpas para tornar aceitáveis suas críticas muitas vezes ferozes. Fitzgerald deseja que Hemingway modifique a frase inicial, e espera que seu veredicto não afete a amizade deles. Como preâmbulo, Fitzgerald afirma que é bom estar atento a escritores reconhecidos. Diz que ele mesmo, quando iniciante, levou em consideração conselhos vindos de Edmund Wilson, Max Perkins e de algumas pessoas experientes, antes de publicar seu romance *Este lado do paraíso*. Agora, velho de guerra, considera-se autorizado a dispensar seus conselhos ao romancista aprendiz.

Hemingway deseja por demais se tornar um escritor eminente para não reconhecer a pertinência das sugestões de Scott. Não vai rebater; decide simplesmente suprimir todo o início do romance. Depois de ter aderido à opinião de Fitzgerald, mas por amor-próprio, ele minimizará sua contribuição.

Depois de agradecer a Fitzgerald pelo trabalho realizado no manuscrito de *O sol também se levanta*, Perkins recomenda a Hemingway que respeite em seu texto o anonimato dos personagens. A vida sem coerções e a liberdade de expressão que predominam em Paris parece, por vezes, fazer o autor esquecer que o rigor e o poder discricionário da censura punem nos Estados Unidos.

O sol também se levanta aparece a 22 de outubro de 1926. A acolhida favorável da imprensa apaga as tribulações de sua gênese. Apenas a nota discordante de Dos Passos, em *New Masses*, em meio ao concerto de elogios bemolizam um pouco a harmonia. Embora reconheça que o livro é bem escrito, observa: "Onde quer que eu o abra e leia algumas linhas, elas me parecem muito boas; é depois de ter lido uma página que a coisa se revela."

Dos Passos, que milita pelo que acredita ser a liberdade e a integridade individuais, está então preocupado com o caso Sacco e Vanzetti.[1] Ele não aprecia o que se escreve na América e se aflige com os personagens decadentes de Hemingway. "O que acontece com a escrita atualmente na América? Os poucos jovens não infelizes desta geração perdida deverão, para se encontrar, buscar um modo diferente do indicado aqui" — lamenta ele em seu artigo.

Hemingway recebe placidamente esse golpe pouco amistoso que enfraquecerá sensivelmente a amizade deles. Embora apresente desculpas, enviando-lhe uma cópia de seu artigo, Dos Passos não volta atrás em seu julgamento.

"Escrevi a droga de um artigo falso e farisaico que me deixa doente. De qualquer jeito o livro me deixa doente além de

---

[1]Caso judiciário americano que ganha proporções sociais e políticas, e cuja injustiça provoca intensos protestos no mundo. Anarquistas suspeitos de terem assassinado o tesoureiro e o guarda de uma fábrica em Braintree são condenados à morte pela Suprema Corte de Massachusetts em 1921 e executados em 1927. Giuliano Montaldo levou o caso à tela em 1971 (*Sacco e Vanzetti*).

terrivelmente impaciente para te ver, e me dá saudades dos bons copos, das galinholas, de Pampelune, das corridas e de tudo isso." Deprimido, continua: "Estou irritadíssimo com tudo. Tudo o que escrevo me parece bobagem, e tudo o que as pessoas que amo escrevem me parece bobagem. Eles vão matar Sacco e Vanzetti [...], e tudo é uma merda inexprimível."

Quanto a Fitzgerald, ele escreve a Hemingway em dezembro: "Na verdade, gostei mais dele impresso do que manuscrito." Scott, que contribuiu muito para o aperfeiçoamento do romance, não exigirá gratidão ou agradecimento algum por seu trabalho de editor. Em novembro, Hemingway está eufórico; as vendas são excelentes e seu livro é reimpresso. Dois editores ingleses propõem comprar-lhe os direitos. Em carta a Fitzgerald, ele faz referência à sua ajuda, dizendo-lhe ter pedido a Scribner para inserir nas edições seguintes:

O sol também se levanta
(assim como o seu pau, se você tiver um).
Um Gatsby ainda maior
(escrito com a amizade de F. Scott Fitzgerald)
(profeta da Era do jazz)

Para ele, é sem dúvida violentar-se reconhecer a ajuda benévola daquele que manterá sempre a discrição. Numa carta a John O'Hara,[2] Scott usará como argumento até mesmo a perda de algumas páginas do manuscrito para minimizar sua participação. Mais tarde, quando a estrela de seu amigo ingrato tiver subido no firmamento das letras, Scott

---

[2] John O'Hara (1905-1970), romancista, jornalista, cronista do *New Yorker*.

continuará exercendo por detrás do pano o mesmo papel obscuro, proibindo-se de feri-lo com medo de pôr a amizade deles em risco.

Deprimido com o divórcio, Hemingway, que não pôde ir à Côte d'Azur onde residem os Fitzgerald, escreve a Scott: "Gostaria mesmo de te ver. Você é o único tipo na Europa e alhures de quem eu possa dizer tanto bem (quanto mal), mas eu gostaria mesmo de te ver. [...] Me segurei para não girar o botão do gás e arranhar os pulsos com a lâmina de barbear cega. [...] Como uma vez por dia e quando estou cansado descanso o suficiente — ralei como um doido nesses últimos tempos e recomeço minha vida mais pobre do que jamais fui desde os meus 14 anos, no momento em que minhas perspectivas de venda das novelas para Scribner são bem interessantes."

Scott não fica insensível às preocupações do amigo e, antes de partir de Juan-les-Pins de volta à América, faz questão de demonstrar mais uma vez sua amizade fraterna, afirmando que pode contar com ele, "quer para trabalho, quer para dinheiro ou problema pessoal".

Desde a partida da mulher e do filho, Hemingway está sem tostão. Despojou-se de tudo o que tinha para dar a eles. Como sempre, os Murphy dão provas de compreensão e generosidade. Quando os Hemingway lhes anunciaram que tinham intenção de se separar, Gerald ofereceu a Ernest seu ateliê do número 69 da rue Froidevaux. Quando passar por Paris antes de partir para a América, Hemingway encontrará quatrocentos dólares sobre a mesa do ateliê.

Ao embarcar por sua vez para os Estados Unidos, Scott Fitzgerald deixa a Europa depois de "sete anos de desperdício e de tragédia", sem ter concluído o romance em desenvolvimento, mais pobre do que quando voltara em 1924. Ele deixa a França onde sempre se sentiu um estrangeiro.

Em Paris, ele preferiu o Ritz ao Select, e a margem direita a Montparnasse, esquivou-se das especulações dos escritores da *Lost Generation*, levou com Zelda a existência artificial dos americanos da Côte d'Azur onde vivenciaram todas as extravagâncias, perseguidos por um secreto desejo de se destruírem.

O destino vai se realizar: Zelda afunda na esquizofrenia e tem de ser internada. Sobreviverá ao marido para morrer no incêndio de um asilo de alienados de Valmont, na Suíça, em 1948.

Scott vegeta como roteirista em Hollywood onde sua glória literária foi esquecida. No começo do relacionamento com Sheilah Graham,[3] desejando fazer com que ela lesse um de seus livros, ele não conseguiu encontrar um exemplar em Hollywood. Um livreiro lhe prometeu procurar um livro usado.

Alguns meses antes de sua morte, ele acaricia o projeto de voltar para a Europa. Na França — diz ele a Sheilah — escreverei um livro sobre a guerra: "Assim, Ernest não será o único a dominar esse assunto."

É dominado pela bulimia da escrita para cobrir suas despesas materiais e pagar as dívidas. Embora considerando-se um escritor falhado, escreve a última parte de seu romance *The Last Tycoon*,[4] obra-prima que aparecerá inacabada, postumamente. Ele rumina suas lembranças em Princeton, anota com reflexões pérfidas um artigo sobre a equipe de futebol

---

[3]Sheilah Graham, jovem jornalista. Aos 28 anos, torna-se amante de Fitzgerald até a morte do escritor.
[4]Scott Fitzgerald. *O último magnata*. Tradução de Carlos Eugenio Marcondes de Moura. Porto Alegre: L&PM, 2006. (N. da T.)

de Princeton publicado em *Princeton Alumni Weekly*, equipe que no passado o rejeitara. Abatido por um ataque cardíaco, morre aos 44 anos, no dia 21 de dezembro de 1940, no apartamento de Sheilah.

Velha amiga de Scott, Dorothy Parker[5] vai ao necrotério para lhe dizer adeus. Ao contemplar seu rosto pálido, as mãos enrugadas, ela murmura um afetuoso: "Pobre imbecil!" Num de seus cadernos, ele havia escrito seu epitáfio: "Fiquei bêbado durante anos e depois morri." Zelda, muito doente, não participou da cerimônia fúnebre, nem Sheilah, que se afastou por delicadeza. Mas Scottie, sua filha, os Murphy e os Perkins assistiram ao enterro no cemitério de Rockville (Maryland), no dia 27 de dezembro de 1940.

Perkins, mediador paciente e prudente, decidiu avisar Hemingway — então em Cuba — só depois das exéquias numa carta na qual justifica sua falta de pressa. Desde o dia 21 de novembro, Hemingway está casado com Martha Gellhorn,[6] que desposou em Cheyenne (Wyoming).

---

[5] Dorothy Parker, nascida Rothschild (1893-1967), novelista, poetisa satírica e cínica, colaboradora de *Vanity Fair*, *Vogue*, *New Yorker*.
[6] Hemingway se divorciará de Martha Gellhorn no dia 21 de dezembro de 1945. Seu casamento com Mary Welsh será celebrado em La Havana (Cuba) a 14 de março de 1948.

24

A idéia de traduzir *Ulisses* para o francês tornou-se uma necessidade para Adrienne Monnier assim que Sylvia Beach decidiu publicar a obra-prima de Joyce em francês. Depois da primeira edição publicada pela Shakespeare and Company, Valery Larbaud pensou que seria uma pena privar os leitores franceses — dentre os quais Léon-Paul Fargue parece o mais impaciente — de ler o livro cuja fama sulfurosa é internacional. Traduzir *Ulisses* para o francês? Quem aceitará se lançar em semelhante empreitada? Pensa-se em Larbaud, aureolado com um prestígio considerável depois de suas traduções de Chesterton e de Samuel Butler aos quais dedicou mais de cinco anos de sua vida.

Alguns fragmentos de *Ulisses* são inicialmente traduzidos por Jacques Benoist-Méchin[1] tendo em vista uma conferência que Larbaud apresentará na Maison des Amis des Livres, seguida de uma leitura de excertos da obra. Adrienne Monnier

---

[1] Jacques Benoist-Méchin (1901-1983), escritor, historiador, autor de biografias e de uma *Histoire de l'armée allemande* [História do exército alemão].

preveniu alguns convidados de que algumas páginas, de grande audácia de expressão, poderiam chocar. Buscou-se a ajuda de Fargue para a tradução das expressões mais licenciosas de diversas passagens. Com esses elementos, Valery Larbaud prepara sua intervenção.

Foi com grande sinceridade que, a 7 de dezembro de 1921, durante sua apresentação, ele adverte o auditório: "Um leitor não letrado ou semiletrado abandonará o livro ao fim de três páginas."

Adrienne Monnier conta secretamente com Valery Larbaud para a tradução da obra. Ele não disse não, mas, sentindo-se cansado ao voltar para o seu retiro de Valbois, perto de Vichy, consulta o médico que lhe proíbe qualquer trabalho por vários meses. Abdica, então, definitivamente de se ocupar com *Ulisses*. Lamentando não poder prosseguir com o que havia iniciado, ele assegura ter confiança em Auguste Morel e Stuart Gilbert. Aceita até mesmo supervisionar-lhes o trabalho. Insiste para que seu nome não seja citado a fim de lhes deixar o mérito. Contudo Adrienne Monnier o declara "árbitro supremo" da tradução.

O jovem francês — Auguste Morel — ainda não tem 30 anos — e o inglês Stuart Gilbert — mais uma vez voluntário — traduzem, sob a orientação do próprio James Joyce e de Valery Larbaud, as famosas páginas que narram o dia 16 de junho de 1904 vivido pelo herói Leopold Bloom.

Setenta e cinco anos depois da edição publicada pela Maison des Amis des Livres, uma nova equipe de trabalho de tradutores decidiu atualizar *Ulisses*.[2] O vocabulário de hoje

---

[2] Nova tradução sob a direção de Jacques Aubert, Gallimard, "Du Monde entier", junho 2004. No Brasil, nova edição publicada pela Editora Objetiva, em tradução de Bernardina da Silveira Pinheiro, 2005. (*N. da T.*)

em dia, menos escrupuloso do que nos anos 1920 e 30, leva a libertar a tradução que data da época em que a autocensura assumia freqüentemente forma de excomunhão laica.

"Como é que uma pessoa tão sensata como você pôde nos jogar no colo esse monstro do *Ulisses?*" — pergunta Claude Roy[3] a Adrienne Monnier. "Foi porque" — disse ela —, "já faz bem uns dez anos, Valery Larbaud leu na rue de l'Odéon os primeiros fragmentos da tradução de *Ulisses.*" Naquele dia, o "pequeno núcleo" reunido na Maison des Amis des Livres, estupefato ao ouvir aquela paródia erudita da *Odisséia*, concluiu que seria urgente divulgar a obra de James Joyce, autor desconhecido até então do público francês.

Substituindo Sylvia Beach, Adrienne Monnier consente em assumir o risco de publicar uma versão francesa que permitirá aos leitores francófonos realizar enfim a célebre viagem iniciática, périplo acidentado no qual as armadilhas "exigem do leitor tanta arte e saber quanto seu autor desenvolveu".

Em 1920, Ezra Pound teve faro para aconselhar Joyce a deixar Zurique para se estabelecer em Paris. O encontro fortuito do irlandês com a pequena livraria americana deveria dar origem a uma das maiores obras-primas da literatura do século XX.

---

[3]Claude Roy (1915-1997), poeta, romancista, cronista, memorialista.

25

Neta do armador sir Samuel Cunard, fundador da Cunard Steamship Company, Nancy Cunard desembarca em Paris em 1920, feliz em escapar de uma família que nunca a amou. Entre um pai mais preocupado com a caçada real do que com sua descendência, e uma mãe que sente profunda aversão pela maternidade a ponto de proclamar que ter filhos é o "cúmulo da vulgaridade", Nancy, criada por babás, passaria a infância numa casa que "contava com quarenta empregados, mas nenhum parente".[1]

Bela e sedutora, talentosa e enérgica, a rica herdeira, rebelde e indomável, deseja viver ao seu bel-prazer os Anos Loucos em Paris, longe da coerções do meio pernóstico de sua família, na qual, no afastado Leicertershire, lady Cunard rege a vida social e mundana desde a propriedade familiar de Nevil-Holt.

Em Paris, Nancy faz amizade com os escritores americanos, o casal Janet Flanner e Solita Solano, Robert McAlmon, Ezra Pound, Aldous Huxley, seu compatriota e amante — ao

---

[1]Michel de Decker (nascido em 1948), poeta, romancista, cronista.

qual inspira o personagem de Lucy Tantamount de *Point Counter Point*.[2] Ela também freqüenta os surrealistas André Breton e René Crevel, com Tristan Tzara, iniciador do movimento Dada, ela partilha o humor devastador. Vive ainda um amor tumultuoso com Louis Aragon.

Freqüentadora dos cafés de Montparnasse, do Bœuf sur le Toit, bar da moda no número 28 da rue Boissy-d'Anglas, das festas do conde Étienne de Beaumont que reúne na Cigale, boulevard de Rochechouart o *tout-Paris* mundano e artístico — os escritores Cocteau, Morand, Tzara; os pintores Derain, Braque; os compositores Milhaud, Sauguet, Satie —, inspiradora do escultor Brancusi, dos pintores Kokoschka e Ortiz Zárate,[3] dos fotógrafos Man Ray e Cecil Beaton, Nancy conservou de sua adolescência solitária e precoce a predileção pela poesia. Seus primeiros passos foram guiados por George Moore,[4] velho amigo de sua mãe lady Cunard, mais velho do que ela mais de quarenta anos, que, durante longos passeios pelos campos das East Midlands, abriu-lhe o espírito para as artes: pintura francesa, poesia inglesa e talvez outras disciplinas menos platônicas. Ao sair da adolescência, ela foi mandada para Munique para ali estudar literatura russa, alemã, escandinava, e música.

---

[2] *Point Counter Point*, 1928 (*Contrepoint*) de Aldous Huxley [*Contraponto*. Tradução de Erico Verissimo e Leonel Vallandro. Rio de Janeiro: Globo, 1987.]. Poeta, jornalista, romancista inglês (1894-1963), Huxley é autor, entre outros, de *Brave New World*, 1932. [*Admirável mundo novo*. Tradução de Lino Vallandro e Vidal Serrano. São Paulo: Globo, 2001] (*N. da T.*).
[3] Manuel Ortiz Zárate (1886-1946), pintor chileno.
[4] George Moore (1852-1933), romancista, poeta e autor dramático irlandês. Em Paris em 1873, quando das primeiras exposições dos impressionistas, ele admira Manet, Degas, Corot. Descobre-se escritor ao ler Balzac, Flaubert, Zola e Turgueniev. Autor de poemas, *Flowers of Passion* [Flores da Paixão], 1877; autor do romance *Confessions of a Young Man* [Confissões de um jovem inglês], 1988.

Moore leu seus primeiros poemas dos quais seis aparece-ram em *Weels*, uma antologia de Edith Sitwell.[5] Mas, em Paris, as más línguas a julgam mais estimada pelas obras que inspira do que pelas próprias.

Por mais surpreendente que possa parecer, essa jovem pessoa, bonita, adulada, não encontra nada de mais urgente a fazer a não ser aprender impressão manual. Para ela é uma extravagância, uma necessidade, uma inclinação passional, considerada no meio pernóstico de sua família um passatempo trivial. Ela vai finalmente realizar seu sonho na França, comprando, por trezentas libras esterlinas, o material tipográfico de Bill Bird que encerra as atividades da Three Mountains.

Durante os sete anos que acabam de se escoar, Bird sacrificou muito tempo e dinheiro imprimindo e editando sob a chancela de Three Mountains Press, no pequeno espaço da île Saint-Louis, obras de um luxo raro, publicadas apenas por prazer, sem preocupação com o preço de custo ou com o lucro a tirar delas.

Graças a uma herança recente, Nancy Cunard acaba de comprar o Puits Carré, fazenda normanda abandonada, em La Chapelle-Réanville, aldeia do Eure, situada a 80 km de Paris. Ela decide instalar-se ali e fundar sua tipografia.

Fica estabelecido que Bill Bird se encarregará de lhe entregar sua pesada e antiga prensa Mathieu. Além disso, ele lhe prometeu despachar um impressor, especialista em prensas manuais, encarregado de lhe ensinar os primeiros rudi-

---

[5]Edith Sitwell (1887-1964), poetisa, membro do "The Bloombury Group", movimento literário e artístico de vanguarda (1904-1941) que rejeita o conformismo intelectual da época. Seus membros se reuniam na casa da romancista Virginia Woolf. Edith Sitwell fazia-se notar pela altura (1,83m), e ali exercia um papel ativo.

mentos da impressão artesanal. Louis Aragon, encarregado da administração, lhe servirá também de intérprete.

Enquanto Nancy supervisiona os trabalhos de recuperação da fazenda, instala prensa e guilhotina no estábulo, Maurice Lévy, impressor representante de Bill Bird, desembarca num canteiro de entulho.

Fica surpreso com a escolha do lugar em que se abriria uma tipografia, e mais ainda quando descobre maços de prospectos gigantescos grosseiramente impressos pouco antes de sua chegada. Os folhetos anunciam a criação das Éditions Hours, razão social da sociedade criada por Nancy. Esse nome, que ela não escolheu ao acaso, lhe sugere a noção de trabalho, evocando uma passagem de *The hunting of the Snark*,[6]de Lewis Carroll.

Ao chegar a Chapelle-Réanville, o impressor, homem rude e resmungão, espera encontrar uma jovem mulher dócil, desejosa de estudar a arte de imprimir da qual ele domina a técnica com perfeição. Nancy o surpreende por sua elegância, autoridade, desenvoltura e impaciência em aprender rapidamente um ofício que requer, diz ele, pelo menos sete anos de aprendizagem.

"Por que tanto tempo?" — ela se espanta.

Lévy lhe explica, então, como se forma um iniciante. "O aprendiz começa" — diz ele — "recolhendo sobras de chumbo e de papel, varrendo a oficina, fazendo compras, classificando nas caixas os tipos em desordem. Até o dia em que o

---

[6]Lewis Caroll, pseudônimo de Charles Lutwidge Dodgson (1832-1898). A *caça ao turpente* (1876) é um poema curto que utiliza o jogo verbal das *Nursery Rhymes* [cantigas de ninar]. A palavra *snark* associa *snake* (serpente) e *shark* (tubarão). [A *Caça ao Turpente*.Tradução, apresentação e notas: Álvaro Antunes. Além Paraíba: Interior Edições, 1984.](*N. da T.*)

chefe da oficina, considerando chegado o momento de lhe ensinar a compor um texto, confia-lhe um componedor — lâmina na qual o tipógrafo alinha os caracteres para formar palavras. Por fim, com muita paciência, o aprendiz passará às técnicas de impressão."

Nancy não entende dessa forma: "Para mim, caro senhor, está fora de questão. Desejo conhecer em poucos dias tudo o que for possível aprender com o senhor, para trabalhar com e sem o senhor."

A segurança de Miss Cunard deixa o impressor estupefato. Ao chegar, Lévy esperava receber uma acolhida de acordo com a consideração devida por um aluno ao mestre, e não enfrentar uma senhorita inglesa com uma atitude visivelmente muito distante da compreensão cordial. A reação desdenhosa de Nancy diante de sua pedagogia, seu modo de espezinhar o ensino da arte de imprimir escandalizam o mestre impressor. Indignado, ele anuncia que ela e Aragon vão "estilhaçar as convenções estabelecidas por regras ancestrais".

Contudo Nancy tem consciência de sua inexperiência. Confessa a um amigo que não conhece ninguém que tenha a impudência de se lançar numa aventura semelhante, como um marinheiro que embarca num navio "totalmente desprovido de velas, mastro e provisões, e em plena agitação e confusão".

Sem saber exatamente o que fazer enquanto espera o fim dos trabalhos, Aragon anuncia a Nancy que vai realizar a tradução francesa de *The Hunting of the Snark*. "Como conseguir captar o espírito do *Snark* em outra língua?" — perguntoulhe Nancy. Aragon afirma consegui-lo, trabalhando assiduamente durante alguns dias. Ele põe mãos à obra, impermeável à barulheira dos carpinteiros e eletricistas que vão e vêm pela casa, e termina a tradução em menos de uma semana. O feito surpreende Nancy; ela afirma a Aragon que sua versão tinha de deslumbrar Lewis Carroll a tal ponto ele soube traduzir o intraduzível.

Nancy e Aragon começam freneticamente a compor o texto sob o olhar circunspecto de Maurice Lévy, em dúvida quanto ao resultado do trabalho daqueles impressores aprendizes, sem respeito pela tipografia tradicional.

Decidida a inovar, Nancy anuncia que só imprimirá textos de sua escolha e os venderá à margem do circuito comercial da livraria, sem levar em conta qualquer noção de rentabilidade.

Depois da tradução de Aragon, as Éditions Hours publicam três volumes de poesia contemporânea: *The Probable Music of Beowulf* de Ezra Pound, obra experimental, *Saint George at Silene* de Álvaro Guevara, poema-afresco, e uma coletânea de poesia de Iris Three, sua amiga íntima. Assim que foram publicados, os amigos de Miss Cunard acorreram. Alguns lhe dizem que possuem nas gavetas algumas obras-primas inéditas; outros mendigam preços camaradas para imprimirem suas obras.

Nancy não pode recusar ao amigo escritor e diplomata Norman Douglas[7] a impressão de um relatório que ele redigira recentemente para o Foreign Office. O texto deverá ser composto em tipos corpo 11, insiste o autor. A composição manual com tipos pequenos é delicada; Nancy ainda não tem a destreza necessária para evitar que escapem do componedor.

---

[7]Norman Douglas (1868-1952), ensaísta, novelista e diplomata inglês na Itália e na Rússia.

O relatório sobre as pedras-pomes das ilhas Lipari lhe parece não apenas insípido, mas passavelmente rebarbativo. Douglas insiste, em particular, com humor, que considera o texto o mais bem realizado de sua obra. Confiar a composição e a impressão desse castigo a Nancy, conhecendo sua inexperiência, não esconde certo gosto perverso e alguma crueldade mental de sua parte.

Os oitenta exemplares, impressos sob o olhar vigilante e cético de Maurice Lévy, dá prazer ao autor, que se apressa em distribuí-lo aos amigos. Ele se deleita diante da idéia de cansá-los com uma narrativa tediosa sobre os pedaços de lavas ígneas flutuando nas vizinhanças do arquipélago do mar Tirreno. Embora Norman Douglas, ironizando sobre a importância desse relatório para a sua obra, caçoe abertamente de seus próximos, estes lhe perdoarão a galhofa ao ler *One Day*, narrativa deliciosa e erudita de um dia de passeio em Atenas.

O título é sugestão de Nancy, editora da obra. Esse texto, impregnado de fantasia, mescla com habilidade uma erudição sutil sobre arte, literatura, história e filosofia. Publicada em quinhentos exemplares, a obra é inteiramente comprada antes da publicação.

A diretora das Éditions Hours conquista e preocupa alguns amigos. George Moore, feliz com os primeiros resultados obtidos por sua pupila, lhe entrega a impressão de uma versão revista e corrigida de *Perronik the Fool* (para ser composta em corpo 11, infelizmente!)

Quanto a Virginia Woolf e seu marido, ficam alarmados com a idéia de que as bonitas mãos de Nancy vão se cobrir, permanentemente, de tinta de impressão.

A velha impressora Mathieu já chegou ao limite? A impressão de *Perronik* é execrável. Moore não diz nada, mas é evidente que a máquina não responde mais à pressão exigida. Os caracteres estufaram o papel como num livro para cegos. Uma máquina Minerve comprada recentemente vai substituir a cansada ancestral.

Prestes a deixar La Chapelle-Réanville, Aragon se entrega a uma façanha. Compõe e imprime 25 exemplares de *Voyageur*, curto poema considerado um dos textos mais raros de sua obra prolífica.[8]

Uma vez mais sua obstinação e habilidade no trabalho estarrecem Maurice Lévy. Ele compõe e imprime numa só noite quatro maquetes de capa para o *Snark*; composições gráficas abstratas em preto-e-branco de uma audácia espantosa das quais o mestre impressor admira o prodigioso virtuosismo.

Quando deixa La Chapelle-Réanville, Aragon se consola de uma Nancy inconstante e volúvel nos braços de Elsa Triolet, que o pescou no bar do La Coupole a 6 de novembro de 1928.

"Nancy do olhar de serpente, que sabia ser gentil, terna, amorosa, cheia de atenções, era uma companheira difícil — e devastadora." "Ela gostava dos homens; quando desejava alguém, tinha de satisfazer o desejo, na hora; ela atacava; é difícil imaginar as torturas que sua inconstância e suas fomes súbitas infligiam aos amantes" — escreve sobre ela André Thirion, ligado ao grupo surrealista.

Depois que Aragon tiver partido, Nancy vai encontrar em Henry Crowder encorajamentos e conselhos, entusiasmo e eficácia. Henry Crowder, músico negro, pianista do grupo

---

[8]Traz a dedicatória: À *toi Nancy, l'amour*. [Para você, Nancy, o amor.]

South's Alabamians, que também tocou na orquestra de Jelly Roll Morton,[9] conquistou Nancy durante sua estada em Veneza, em 1927. Convencer Crowder a segui-la não foi fácil. Ela teve de jogar todo o seu charme e dar mostras de grande poder de persuasão para arrancá-lo de seus amigos músicos e arrastá-lo à aldeia, para ali instalar-se e trabalhar com ela.

Crowder chega em 1928 ao Puis Carré para festejar o Natal. Ele aceita aliviar Nancy de algumas tarefas administrativas, ao mesmo tempo em que se exercitava na manobra da prensa Mathieu.

No distante Leicestershire, Lady Cunard, sabendo que a filha anda com um músico de jazz, negro ainda por cima, fica escandalizada. Indignada com aquela ligação que ultraja a posição da família, decide romper definitivamente com ela.

Enquanto Henry Crowder, "o companheiro e ajudante encantador", como o chama Nancy, fica no escritório e na oficina, Norman Douglas colabora como editor, contador e acessoriamente... empacotador. Douglas mantém contato com alguns bibliófilos, admiradores fiéis, para quem tenta passar edições caras, de tiragem limitada das Éditions Hours. Um deles, Arthur Symons,[10] se apresenta a Nancy: ele a conhecera recentemente em Paris, e partilha com ela velhas lembranças que remontam a 1915. Nancy, então uma jovem de 19 anos, ouvia maravilhada as histórias daquele homem, quase três vezes mais velho que ela, sobre seus amigos artistas do fim do século XIX. Usando uma longa capa macfarlane e chapéu de feltro de abas largas, ele a levou ao Café Royal,

---

[9]Jelly Roll Morton (1885-1941), pianista e compositor americano.
[10]Arthur Symons (1865-1945), escritor, poeta, crítico inglês, tradutor, entre outros, de D'Annunzio e Verhaeren.

ao restaurante da torre Eiffel, citando Beardsley, Whistler, Rimbaud e Verlaine que recebera na Universidade de Oxford. Na mensagem que dirige a Nancy, ele lhe promete o manuscrito de um texto muito pessoal, titulado em francês *Mes souvenirs*, minhas lembranças.

Durante o verão de 1929, Symons lhe faz chegar três ensaios dentre os quais o mais surpreendente é um retrato de Verlaine, no qual evoca o rosto encalombado, a fronte alta e bombeada do poeta, os olhos de asiático, a barba de fauno que dissimula um queixo fugidio, o andar vacilante — resultado do absintismo — quando deambulava pelo boulevard Saint-Michel para ir à casa de Vanier, seu editor. Symons descreve o companheiro encantador cuja poesia de entregas melancólicas não consegue dissimular os acasos dolorosos da vida do Pauvre Lélian.[11] Mais adiante, Symons rememora a Chelsea de um tempo em que Oscar Wilde, frívolo, impertinente, cheio de si, vivia seu destino com displicência e na extrema pobreza, o que fez com que dissesse ao morrer no pequeno hotel de l'Alsace, na rue des Beaux Arts em Paris: "Morro acima de meus recursos."

Personnik, One Day e *Mes souvenirs* fazem sucesso. Permitem que Nancy dobre seu investimento.

Depois de um ano de trabalho intenso, Nancy se concede um tempo de reflexão para pensar sobre o futuro de seu negócio e planejar uma próxima estratégia. Satisfeita por ter publicado um bom número de autores pouco conhecidos, de se ter familiarizado com as técnicas da tipografia, de ter afastado de suas relações os pássaros de mau agouro que lhe prediziam uma falência rápida, Nancy, apesar das carências

---

[11] *Pauvre Lélian* [Pobre Lélian] é o anagrama de Paul Verlaine. (*N. da T.*)

técnicas e administrativas, obteve resultados honrosos que lhe permitem investir numa potente máquina Minerve.

Contudo ela admite que, embora seja bom viver no campo, a vida rústica apresenta alguns obstáculos ao bom funcionamento de sua atividade. A despeito da ajuda eficaz de Crowder, Nancy se entrega a um certo desencanto. Prejudicada pelo afastamento geográfico, ela sofre com a falta de comunicação, com o serviço postal medíocre, com tudo o que contraria as relações com seus escritores e fornecedores. Pensa em transferir sua tipografia para Paris.

Seu amigo Georges Sadoul[12] lhe sugere alugar um espaço que acaba de ficar vago no número 12 da rue Guénégaud. Ele corre até lá e assina imediatamente um contrato por nove anos. Ajudado por Sadoul, Crowder transfere o material de La Chapelle-Réanville para Saint-Germain-des-Prés durante o inverno de 1930. Georges Sadoul logo se torna indispensável e integra a equipe das Éditions Hours, tornando-se um faz-tudo. Ele assume as obrigações administrativas, a embalagem e as expedições das obras, possibilitando, assim, que Nancy e Henry se dediquem à composição e à impressão. Depois de uma rápida reforma do lugar, Nancy cria uma vitrine na qual expõe não apenas sua produção, mas também a de escultores da África e da Nova-Guiné, que recentemente garimpou com Aragon na França e na Inglaterra no início do idílio que tiveram.

O mestre impressor Maurice Lévy deixou Nancy sem arrependimento e sem ter modificado seu ponto de vista sobre os métodos de trabalho folclórico dos jovens impertinentes.

---

[12]Georges Sandoul (1904-1967), jornalista e escritor francês, participa do movimento surrealista em 1925. É autor de uma importante *Histoire générale du cinéma* [História geral do cinema].

É substituído por um jovem impressor sério e consciencioso que se surpreende com a concepção do trabalho e com a desordem organizada de sua patroa.

Para divulgar as publicações das Éditions Hours, Nancy publica um catálogo elegante no qual anuncia a colaboração de Yves Tanguy[13] e de Man Ray[14] para ilustrar as capas dos próximos livros que serão compostos manualmente em tipos Calson clássicos, em papel Canson ou Montgolfier. À margem da programação, ela edita um ensaio de Douglas sobre o pintor americano Eugene MacCown, seu amigo — de quem aprecia especialmente o retrato que fez dela —, bem integrado à elite artística parisiense pelo amante René Crevel.[15] MacCown explica no prefácio que seis amigos seus, dentre os quais Cocteau e Gide, aceitaram dar título às suas obras que serão expostas na Galeria Léonce Rosenberg.

Essas atividades frívolas e mundanas não afastaram Nancy da poesia. O número de dezembro de *This Quarter*, revista publicada por Edward Titus, anuncia um prêmio de poesia americana criado pelo poeta Richard Aldington. O prêmio, dotado de 2.500 francos, será entregue ao vencedor, que terá seu poema publicado na revista de Titus.

Aldington convence Nancy a criar, por sua vez, seu prêmio. Bela ocasião para descobrir, talvez, um poeta original e legitimar as Éditions Hours, lembrando as publicações de seu catálogo. Concordando com Aldington,[16] Nancy sugere que os

---

[13]Yves Tanguy (1900-1955), pintor francês naturalizado americano.

[14]Man Ray, pseudônimo de Emmanuel Rudnitsky (1890-1976), pintor e fotógrafo americano. Participa do movimento Dada em 1921.

[15]René Crevel (1900-1935), escritor francês, membro do grupo surrealista. Sua vida dramática terminou com o suicídio.

[16]Richard Aldington (1892-1962), poeta e novelista, do grupo dos imagistas próximos de Ezra Pound.

poemas do prêmio sejam apresentados em inglês britânico ou americano e se limitem a uma centena de linhas, tendo como tema "o tempo". O prêmio é dotado de dez libras esterlinas.

Quase uma centena de poemas chegam à rue Guénégaud; são textos de todo tipo: versos ruins, poesias com pretensão filosófica, outras bem distantes do assunto exigido. Uma colheita bastante pobre para as ambições dos promotores do prêmio, que não registram nenhuma inscrição de poetas conhecidos ou reconhecidos. Só lhes resta, portanto, selecionar os poemas menos medíocres antes de apontarem um premiado. Foi então que aconteceu o improvável.

Na manhã do último dia fixado para a entrega dos textos, Nancy descobre, ao abrir a loja, um envelope passado por debaixo da porta, provavelmente à noite. No envelope, um poema intitulado *Whoroscope*, assinado com um nome desconhecido: Samuel Beckett.

A primeira leitura desse poema de 98 versos, centrado basicamente no pensamento de Descartes, provoca em Nancy e Aldington espanto e curiosidade. Jamais tinham ouvido falar no nome de Beckett,[17] mas o caráter erudito do texto, suas imagens, suas cores vivas, suas alusões obscuras lhes deixavam pressentir que o misterioso personagem era um intelectual de grande cultura, imediatamente chamado a se apresentar na rue Guénégaud.

No início da tarde, Nancy e Aldington vêem chegar um rapaz de 24 anos, magro, de rosto emaciado. Os cabelos louros, os olhos azul-claros de olhar franco fascinam Nancy. Sua

---

[17]Samuel Beckett (1906-1989), romancista e dramaturgo irlandês, radicado na França em 1938. Escreve em francês desde 1945. Prêmio Nobel de literatura 1969.

fleuma passaria por indiferença se ele não manifestasse, assim que adquire confiança nos interlocutores, uma amenidade serena e afável. Sua atitude reservada se apaga assim que sorri. Nancy o acha, pelo corpo delgado, deliciosamente irlandês e descobre nele certa semelhança com Joyce. Enchemno de perguntas para saber como ele ficou sabendo do prêmio. Beckett conta então que um de seus amigos lhe falou de uma espécie de concurso de poesia para o qual aquele 15 de junho de 1930 seria a data limite de recebimento dos textos. Tinha decidido tentar a sorte e começou a escrever seu poema, depois de se ter "entupido de salada e vinho chambertin no Cochon au Lait". Voltando para o quarto, termina-o ao raiar do dia. Viera em seguida a pé até a rue Guénégaud para depositar o envelope de seu *Whoroscope*[18] sob a porta das Éditions Hours.

Nancy Cunard e Richard Aldington conseguem no último momento seu premiado. Sugerem a Beckett acrescentar algumas notas explicativas a fim de esclarecer certas passagens que podem parecer especialmente obscuras aos leitores. Rapidamente composto e impresso, *Whoroscope* é posto à venda ao preço de cinco shillings. O livro, envolto por uma faixa, anuncia que a obra é trabalho do premiado no concurso de poesia das Éditions Hours, e explica que se trata do primeiro texto daquele autor a aparecer em volume.

Correspondendo à produção editorial, a vida é cada vez mais agitada na rue de Guénégaud. Nancy sente-se extremamente cansada por assumir as responsabilidades da tipografia

---

[18] O título é composto das palavras "prostituta" e "horóscopo". (*N. da T.*)

e das Éditions Hours. O trabalho é mais subjugador do que ela havia suposto. Chegou para ela o tempo de tirar férias e de se afastar da sujeição cotidiana dos negócios.

Entrega a direção da rue Guénégaud ao casal inglês, fundador das Éditions Aquila, em Londres, especializadas na reedição luxuosa de obras pouco conhecidas ou esgotadas. O excessivo rigor levou-os, infelizmente, à falência.

Mal o casal encarregado de assumir interinamente se instala, Nancy e Henry correm em direção ao sudoeste, no "Bullet", pequeno carro azul de Crowder. À procura de paisagens agrestes e de campos verdejantes, rodam até Andorra, sobem, em seguida, ao Périgord para se fixarem na pequena aldeia agrícola de Creysse, a meio caminho entre Souillac e Carennac. Situada à margem do Dordogne, Creysse os seduz com suas velhas casas ao redor da igreja do século XII ladeada por duas absides gêmeas. Encontram uma casa de camponês para alugar, sem água corrente ou cozinha, por uma libra esterlina por mês. A chegada deles provoca muitos mexericos por parte dos aldeões. Quem são essas pessoas? Ele, um homem de cor, elegante, nos trinques; ela, cujo falar de parisiense dissimula mal o sotaque inglês. A chegada de um piano amarrado numa charrete puxada por um boi vai satisfazer-lhes a curiosidade. Aquele rapaz que toca piano, e aquela moça que anda pelo campo com os braços carregados de livros só podem ser artistas estrangeiros.

Creysse inspira a ambos melodias e poemas, e quando eles carregam suas bagagens no "Bullet" para voltar a Paris, dividem as saudades com os creyssenses.

De volta a Paris, Nancy dá pouca importância às produções das Éditions Hours publicadas em sua ausência. Na verdade, um novo projeto a monopoliza: a edição de uma antologia, englobando todos os componentes da história e da cultura negra — assim na época se chamavam a cultura e a arte africanas. Um livro grosso, com mais de oitocentas páginas, que conterá quinhentas ilustrações, tendo como título *Negro*. A decisão de se lançar em tal aventura lhe veio depois das narrativas de Henry sobre a discriminação racial e a iniqüidade de que são vítimas os negros nos Estados Unidos. Escandalizada, ela vai gastar muita energia e dinheiro na realização dessa obra na qual engaja perto de 150 colaboradores. Destinada a oferecer um melhor e mais profundo conhecimento da negritude, o livro passará por muitas vicissitudes. *Negro* só é publicado em 1934. Cansada, Nancy abandona naquele ano a rue de Guénégaud e fecha a editora. O editor e mestre tipógrafo Guy Levis Mano[19] compra a Minerve e o conjunto de belos tipos, enquanto, por razões mais sentimentais do que imperativas, a velha impressora Mathieu volta para o estábulo de La Chapelle-Réanville.

Em 1937, Nancy, correspondente do *Manchester Guardian* durante a guerra civil espanhola, repõe em uso a impressora arcaica de La Chapelle-Réanville, em apoio à causa dos republicanos. A velha engenhoca retoma o serviço e participa assim da luta contra os franquistas. Com ajuda do poeta chileno Pablo Neruda, publica vários livrinhos de poesia vendidos em Paris e Londres em benefício dos combatentes em luta contra os franquistas. Seus amigos Tristan Tzara, Rafael

---

[19]Guy Levis Mano (1904-1980), editor, impressor dos poetas Eluard, René Char e dos pintores surrealistas. Ele mesmo poeta sob o nome de Jean Garamond.

Alberti,[20] Langston Hughes[21] e Wystan Hugh Auden[22] tornaram-se colaboradores, sendo deste último o poema *Spain*, inspirado pela guerra. Foi o último texto saído da impressora histórica, e o primeiro texto impresso do poeta americano.

Durante a Segunda Guerra Mundial, Nancy mantém-se informada do que se passa na aldeia pelos Goasgen, proprietários do restaurante onde ela costumava beber copiosamente com alguns paus-d'água de passagem. Fica sabendo que a propriedade fora requisitada pelo exército alemão e depois saqueada por seus ocupantes. Pior ainda, assim que os alemães se foram, as pessoas da aldeia avançaram na casa para pilhá-la e devastá-la. Seus bibelôs e objetos de arte, seus quadros de mestres modernos, seus livros raros, seus tapetes do Oriente, assim como sua famosa coleção de braceletes africanos, tudo desapareceu. No burgo, corriam os rumores mais insensatos a seu respeito, bem como acusações de grande animosidade. Ela dá queixa, com a esperança de receber uma indenização pelas depredações cometidas em sua propriedade, mas é indeferida. O caso se arrasta até ser arquivado por falta de provas.

Terminada a guerra, Nancy não pode mais ouvir falar na Normandia. Decide vender o Puits Carré a parisienses em 1948, e se instala na Dordogna perto de Lamothe-Fénelon. Lá, continua acumulando livros, garrafas de bebida, tranqüilizantes e... amantes.

Durante uma estada em Paris, numa noite, ela cai na rua em avançado estado de embriaguez. Quebra o colo do fêmur.

---

[20]Rafael Alberti (1902-1999), poeta e dramaturgo espanhol depois de ter sido pintor cubista. Exila-se na Itália depois da guerra civil e da vitória de Franco.
[21]Langston Hughes (1902-1967). Um dos maiores poetas negros americanos, muito ativo no movimento cultural Harlem Renaissance.
[22]Wystan Hugh Auden, (1907-1973) poeta e dramaturgo britânico naturalizado americano. Genro de Thomas Mann, fundador do círculo de poetas Auden Group.

Hospitalizada em Cochin, Nancy, cuja beleza e sedução partia corações e o espírito de quem se aproximava dela, é apenas uma mulher prematuramente envelhecida, descarnada, comparável a um sobrevivente de campo de concentração. Assim que é admitida no hospital, pede vinho tinto. Em lugar do vinho, dão-lhe um sedativo, e ela adormece. Não acordará mais. No dia 16 de março de 1965, morre numa enfermaria austera e lúgubre do velho hospital da rue Faubourg-Saint-Jacques.

No dia seguinte ao seu falecimento, o contrato do editor com quem ela se entendera para publicar suas Memórias chegava à sua casa.

26

"Pois é, aqui estamos nós!" — exclama Henry Miller ao descer a passarela do navio *Paris*, no Havre. Foi num dia de abril de 1928 que ele pisou na Europa pela primeira vez. Homenzarrão de 37 anos, magro, calvo, os olhos puxados, aparência de clérigo mongol. Sua mulher June o precede, muito bonita e sedutora, irresistível.

"Que postura! Alta, real, o corpo cheio, segura de si, ela atravessa a fumaça, o jazz e o brilho vermelho das lâmpadas, rainha mãe da inconstância e das putas de todas as Babilônias."[1]

No casal, é ela quem toma as decisões e dispõe das finanças. Foi ela quem juntou o dinheiro da viagem para uma temporada na França e um périplo pela Europa do Leste, uma pequena quantia recebida pela venda do romance de Henry, *This Gentile Word* (O mundo dos Gentis), cuja paternidade ela assumiu para vendê-lo a um de seus "admira-

---

[1] *Tropique du Capricorne*, traduzido da edição americana por Jean-Claude Lefaure, Éditions du Chêne, 1939. [*Trópico de Capricórnio*. Tradução de Aydano Arruda. São Paulo: IBRSA, 1996.] (*N. da T.*)

dores", relação duvidosa diante da qual Henry, apesar do ciúme, fechou os olhos.

No trem que os leva para Paris, Miller pensa: "Enfim meu sonho se realiza!" O filho do alfaiate do Brooklyn abraça a paisagem normanda, limpa e ordenada, observa avidamente suas aldeias, fazendas, camponeses e gado. A visão de uma bandeira tricolor o emociona: "Uma bandeira soberba, leve, aérea, alegre, e de concepção tão simples." Tudo o encanta e enternece. Ao se aproximar de Paris, numa curva, ele descobre uma vista da capital dominada pelo Sacré-Cœur. Emocionado, chora. Para ele, a basílica de inspiração romanobizantina encarna Montmartre, pois a colina mágica evoca um conjunto: George Moore, Van Gogh, Utrillo, Carco, os pintores e poetas, os artistas, e todos os vagabundos com quem ele sonhou partilhar a boemia.

A gare Saint-Lazare é um Monet. Fica fascinado com a vasta vidraça para a qual sobe o vapor das locomotivas em suspiros assustadores, pela confusão dos viajantes inquietos e febris, dos carregadores que desaparecem sob o amontoado das bagagens levadas nos carrinhos, dos suburbanos correndo para seus trens de partida. Perdido, ele fica ali, maravilhado não apenas por estar na Europa e na França, mas em Paris.[2]

Ei-los rodando num táxi. Diante de seus olhos extasiados desfilam ruas, avenidas, bulevares. Ali está a estátua dourada de Joana d'Arc, os jardins das Tuileries, o Obelisco e a place

---

[2]Em *Nexus 2. Vacances à l'étranger*. [Nexus 2. Viagem ao estrangeiro] Éditions Autrement, inédito 2004, traduzido do americano por Christian Séruzier. Henry Miller conta sua chegada a Paris em março de 1928. [*Nexus*.Tradução de Sergio Flaksman. São Paulo: Companhia da Letras, 2006.] (*N. da T.*)

de la Concorde, sua ponte cruzando o Sena — "Cada ponte de Paris é um poema (Miller)" — lhes revela a torre Eiffel, o Trocadéro, o Louvre, Notre-Dame, até alcançar as 12 colunas coríntias do Palais-Bourbon. Então, chega a leve sombra do boulevard Saint-Germain; o táxi roda sob a abóbada dos plátanos ao longo dos ricos prédios do bairro venerável. "Que cidade!" — repete Miller. No número 24 da rue de Bonaparte, o Hotel de Paris[3] lhes aluga um quarto modesto, mas confortável, forrado com um papel pintado com flores, equipado com utensílios e acessórios emblemáticos dos pequenos hotéis parisienses: urinol escondido na mesinha-de-cabeceira, bidê sob o lavabo e um espelho emoldurado em madeira de pinho.

Henry abre a janela que dá para uma sacada para observar o espetáculo e ouvir o rumor que vem da cidade: o movimento anárquico do tráfego de automóveis, as sirenes ensurdecedoras do carro de bombeiros esgueirando-se em alta velocidade nos engarrafamentos, que, visto de tão alto, lhe lembra um brinquedo de criança. Fica emocionado ao ouvir os sinos das igrejas de Saint-Germain-des-Prés repicarem; sente, diz ele, pela primeira vez na vida, algo de grave e sereno.

June — a Mona de seus livros — lhe pergunta se ele se lembra de Là-bas, o livro de Huysmans e das páginas sobre Saint-Sulpice: "uma igrejinha, a mais feia de Paris" — diz ela (!). Mas poderíamos ficar zangados por ela preferir a Sainte-Chapelle?

Em Saint-Germain-des-Prés, a uma mesa na varanda do Deux Magots, June lhe mostra personagens célebres de quem ele nunca ouvira falar e, imitando as parisienses entendidas,

---

[3]Esse hotel desapareceu. Não se assemelha em nada ao luxuoso Hotel de Paris, inaugurado em 1929, no boulevard de la Madeleine.

explica-lhe como se opera ali uma espécie de segregação entre os escritores, cada um deles com seus hábitos neste ou naquele café do bairro.

Durante um mês, June e Henry exploram Paris. Henry anota num caderno, seu "Paris Book", tudo o que o diverte, tudo o que o encanta e embriaga, as ruas, os cafés, os mercados, os músicos das esquinas convidando as *midinettes* a repetir em coro o refrão do sucesso do dia. A Paris de René Char.

Quando janta nas varandas dos restaurantes, ele se espanta em ver o quanto as pessoas são alegres, gargalham, riem alto, arremedam e gesticulam ao falar.

Dos dois, apenas June arranha algumas palavras em francês. Ela conhece vários insultos e palavrões correntes. Henry, como uma criança, fica impaciente por conhecê-los e saber o que significam.

June, convencida dos dons de escritor de Henry, lhe assegura que, nas horas de dureza, eles se safarão graças à sua escrita: "Você escreverá e será pago por isso." Por enquanto, falar de dinheiro aborrece Henry: "Quando se está em Paris, é preciso mandar as preocupações para o diabo e aproveitar a vida."

De sua sacada, ele não se cansa de observar o espetáculo da cidade, "rumorejante de vida íntima, vibrante de cores, tão alegre quanto a própria bandeira tricolor". A Paris de Dufy.

Assim que se instalam, vão tomar um trago no boulevard Saint-Germain. Henry está muito excitado, enquanto June o solta no bairro e lhe indica os pontos de encontro com os Hemingway, Kokoschka, Tihanyi e outros; os restaurantes onde poderão comer por uma ninharia; os lugares onde se pode ver Picasso ou Duchamp, assim como os que devem ser evitados para não encontrarem compatriotas.

Enquanto ele a ouve papear, Henry tem a impressão de que o observam. June estaria muito maquiada? Suas roupas são muito escandalosas? Notam que são estrangeiros? Ele gostaria tanto de não passar por americano! Rindo, June o desilude: "Meu pobre Henry, você será para sempre um americano! E depois, você sabe, os franceses gostam muito dos americanos." Ela pede dois Pernod: "Como é mesmo que você fala isso?" Quando sozinho, ele gostaria de poder pedir uma bebida.

June o arrasta para jantar no Petit Saint-Benoît, situado à rua epônima. Esse restaurante é bem conhecido dos germanopradenses tesos, mas também de uma clientela cosmopolita que não rejeita comer lado a lado — o que encantava Gide — no ambiente caloroso do velho restaurante de decoração intocada havia lustros. No verão, sua varanda muito procurada transborda até a calçada e, numa promiscuidade consentida, ali se almoça ou janta, como no refeitório da escola.

June e Henry passeiam em seguida pelo bairro. É a época em que os parisienses ainda não estão obcecados pelo sacrossanto fim de semana no campo. Saint-Germain-des-Prés é então uma verdadeira aldeia freqüentada pelos artistas; ali se cruza com Saint-Exupéry e Carco, Picasso e Salmon, Léon-Paul Fargue, espantoso, estranho ou extravagante, degustando na varanda de um café um sanduíche de vitela acompanhado de um copo de Vichy quente, enquanto no boulevard Saint-Germain "passam ônibus, paquidermes bonachões que trotam numa Paris complacente, felizes por bordejar [...]".[4]

---

[4] Léon-Paul Fargue (1876-1947), autor de *Piétons de Paris, La lanterne magique, Méandres, Haute solitude*. Amigo de Valery Larbaud, André Gide, Paul Valéry.

27

Eles vão à casa de Zadkine, amigo de June, que ela conheceu durante sua estada anterior em Paris. O escultor[1] mora numa casa encantadora no número 100 *bis* da rue d'Assas, a "loucura de Assas", como a chamam. Escondida detrás de uma fachada anônima, a casa, situada no fundo de uma região campesina, é enfeitada com um jardim que conservou uma pitoresca rusticidade. O escultor gosta de trabalhar no jardim semeado de estátuas quando o tempo o permite. Suas estátuas de pedra ou de madeira são tão grandes que, ao lado delas, ele parece um anão. Ele gira em torno, comenta-as com eloqüência. Sua autoridade, seu entusiasmo, sua vitalidade fascinam o escritor. Escritor? Sim, é como June apresenta Henry a Zadkine.

A hora do almoço se aproxima quando a visita termina, e o escultor os convida para um restaurante de Montparnasse. Antes, eles se sentam a uma mesa do Select para tomar um trago. Henry pede um Pernod. Zadkine não está de

---

[1]Ossip Sadkine (1890-1967), escultor francês de origem russa, que vive em Paris desde 1909.

acordo: "Deixe-me pedir algo mais interessante; todos bebem Pernod, é uma chatice." Com isso, ele pede, autoritário, três Saint-Raphaël.

Enquanto a conversa gira em torno da América, aquele estranho país que começa a envenenar os europeus, diz Zadkine, Miller se sente um pouco cansado demais para rebater as singulares opiniões do escultor. Contenta-se em sorrir, bebericando o aperitivo.

Zadkine lhe aconselha vivamente a encontrar-se com Calder. "Quem é Calder?" — pergunta Henry. June, confusa ao constatar a ignorância do marido, zanga: "Você o conhece, viu seus móbiles." Zadkine continua : "Vocês também têm de encontrar Hemingway, Steinbeck, Dos Passos..." Mas, para Henry, são apenas nomes. Miller acredita estar totalmente desacreditado na mente do escultor.

Suficientemente ilustre para ser reconhecido, Zadkine aperta a mão de alguns importunos, fazendo observações do gênero: "é um chato", e, gesticulando, reprimenda o garçom ou interpela um cliente que esbarrou em sua mesinha. Fora isso, o homem é jovial e cheio de espírito.

Num pequeno restaurante onde ele diz ter certeza de não ser perturbado, Zadkine se entrega a todo tipo de reclamação contra os empregados e o patrão, agitando-se diante de Miller, pasmo.

Depois do almoço, na volta para o hotel, June diz a Henry: "Ele é formidável, é um grande escultor, melhor que Rodin." No caminho, June lembra sua estada em Paris em 1927 com Jean Kronski, por quem ela era loucamente apaixonada: os bailes populares, o mercado das pulgas, o hotel Princesse onde ela viveu por um tempo sem um tostão. Henry a ouve distraidamente, pois continua a pensar no encontro com Zadkine. Foi estranho e singular que o primeiro europeu com quem conversou fosse um escultor célebre. Ele se interroga; as coisas teriam acontecido daquele modo se tivesse estado diante de Bourdelle ou de Rodin?

No momento, desejaria conhecer Duchamp, falar com André Gide, ver Max Ernst já que, infelizmente, era tarde demais para cruzar com Apollinaire ou Modigliani. Tarde demais também para se aproximar de Cézanne, George Moore, Zola, Rimbaud ou Verlaine no antigo café dos artistas da nova Atenas, o Rat Mort:[2] a histórica cervejaria da place Pigalle desapareceu. Contudo Henry deseja, eventualmente, aspirar o ar daquele lugar memorável.

Naquele belo dia de primavera, a varanda do Deux Magots invadiu a calçada do boulevard Saint-Germain. Junes e Henry saboreiam um Pernod, observando os passantes que vagueiam. De repente, June se levanta ao ver um homem; corre ao seu encontro. Abraça-o e o arrasta para o café. "Eu te apresento Michonze"[3] — diz ela a Henry —, "o pintor mais pobre de Paris."

Grégoire Michonze se senta com eles, felicita June pelo casamento num inglês perfeito que surpreende Miller. Ori-

---

[2] O "Rat Mort"[Rato Morto], café aberto em 1870 na place Pigalle, numa casa estilo Segundo Império. Ninguém sabe de onde vem esse nome. Freqüentado pelos pintores Manet, Degas e os impressionistas. Jules Vallès, Nadar, François Coppée, Émile Zola, Daniel Haléry e Alphonse Allais eram seus freqüentadores assíduos.
[3] Grégoire Michonze (1902-1982), pintor francês nascido na Bessarábia, expôs nos Estados Unidos em 1937, onde se casa com uma americana. Engaja-se na artilharia francesa durante a guerra; é feito prisioneiro. Expõe na galeria Drouant depois da liberação, em 1945.

ginário da Bessarábia, anexada à Romênia em 1920, Michonze fala seis ou sete línguas, dentre as quais o inglês, indispensável, diz ele, para comunicar-se com os americanos de Paris, cuja generosidade o ajuda a sobreviver. Ele os leva à rue de Vaugirard, para o que ele chama de seu ateliê. É apenas um pedaço de corredor, no último andar de um prédio sinistro e imundo, no qual uma cama de armar, uma cadeira e uma mesa mal dão espaço para o cavalete do pintor. À luz baça de uma lâmpada que pende do teto, Henry examina seus quadros: telas de cores apagadas exalam a tristeza e a nostalgia recorrente nas obras dos pintores imigrados da Europa Central durante os anos 1920. Enquanto Henry examina as obras de Michonze, este esboça o retrato de June. Em menos de uma hora consegue captar os traços do modelo. Encantada, ela decide comprar o quadro e tira da bolsa uma nota de 50 dólares que entrega ao pintor. Se por um lado a ausência de tato e o montante bem módico da transação chocam um pouco Miller, por outro, Michonze parece encantado e age como um nobre, convidando-os para jantar. Evidentemente, está fora de questão para June e Henry aceitar seu convite, mas, em compensação, recebem com alegria um de seus quadros de presente.

As telas, guardadas debaixo da cama, são tiradas do esconderijo poeirento para que os Miller lhe indiquem a que preferem. Como não conseguem decidir, ele lhes sugerem voltar outro dia. Enquanto isso, diz ele, o retrato de June terá tempo de secar.

Michonze os leva a um pequeno restaurante bem modesto na rue de Seine, freqüentado, sobretudo, por estudantes. Apesar da algazarra ensurdecedora, Michonze evoca seus velhos amigos pintores, desenraizados tão desprovidos quanto ele, como o húngaro Lajos Tihanyi.[4] Surdo, ele não ouve o som de sua voz e algaravia, diz ele, um charabiá de macaco; o alemão Hans Reichel,[5] pintor visionário e lírico, fascinado pelas obras de Paul Klee, pela poesia de Rilke e pela música de Stravinsky, Schönberg e Béla Bartók.

Reichel instalou-se há pouco em Paris, no Hotel des Terrasses ao pé da Butte, acima do cemitério Montmartre. Não sai do quarto, pinta quase exclusivamente aquarelas nas quais a vida e o sonho estão intimamente mesclados.

Miller o admira; ele se torna um de seus verdadeiros amigos. June freqüentou todos esses artistas por ocasião de sua fuga de 1927 em Paris, quando, abandonando Henry em Nova York, foi viver amores sáficos com Jean Kronski.

---

[4]Lajos Tihanyi (1885-1938), pintor húngaro, desenvolve toda a sua carreira em Paris, muito influenciado por Cézanne e Matisse.
[5]Hans Reichel (1892-1958), pintor alemão, amigo de Paul Klee. Instala-se em Paris em 1928 onde viverá até a morte.

28

Depois de passar duas semanas fazendo o reconhecimento da capital, Henry pretende realizar um périplo pelo sul da França. Como lhe parece agradável e econômico fazê-lo de bicicleta, ele compra duas numa loja de departamentos da avenue de la Grande Armée. Como June nunca havia montado em semelhante aparelho, Henry tenta ensinar-lhe a arte de rodar sobre duas rodas na rue Visconti, uma via de pouca circulação, ideal para a aprendizagem. A jovem mulher é pouco dotada. A paciência de Henry chega rapidamente ao limite. A porteira do hotel oferece seus préstimos e prova ser boa pedagoga. Ao término de algumas sessões, June está finalmente pronta para realizar a excursão ciclista.

Henry considerou mais prudente partir de Fontainebleau, a fim de evitar os engarrafamentos do trânsito parisiense. Foram de trem até o lugar da partida. Agora, a caminho para Sens, Joigny, Auxerre, Vézelay, Lyon, Vienne, Orange, Avignon, Nîmes, Arles, Marseille e Nice finalmente, onde June anuncia a Henry que não têm mais um tostão.

Miller escreve a um correspondente: "[...] Quebrados durante aproximadamente três semanas, só sobrevivemos graças à generosidade de um negro americano, engraxate na Promenade des Anglais."

O cônsul dos Estados Unidos em Nice, a quem pedem ajuda, não cede facilmente. Depois de muita falação, ele concorda em conseguir para June uma passagem de trem para Paris, de onde envia a Henry com o que reembolsar o diplomata e pegar o trem de volta à capital.

Depois de ter passado um tempão nas varandas dos cafés, jantado em pequenos botequins divertidos, visitado museus, igrejas, galerias, livrarias, Henry se considera saturado de Paris, e pensa que chegou a hora de pôr em prática o projeto de viajar pela Europa.

Vão percorrer, durante seis meses, grande parte da *Mitteleuropa*: Alemanha, Áustria, Hungria, Tchecoslováquia, Romênia, de onde se origina a família de June. Na volta, são vistos no Select, no Dôme, no Deux Magots, no Wepler da place Clichy onde se reencontram com o amigo Reichel.

No mês de janeiro de 1929, voltam para Nova York.

Enquanto tremem tristemente de frio no Brooklyn, debaixo de neve, o craque de Wall Street acarreta uma série de bancarrotas. Nessa conjuntura pouco favorável, June, não se sabe como, encontrou dinheiro junto às suas misteriosas relações. Loucamente apaixonado por ela, Henry fica à sua mercê. Deixa que ela assine tudo o que ele escreve, responda à sua correspondência; é um verdadeiro fantoche em suas mãos. Será que é para que ele se revele enfim o escritor que ela profetiza, ou ela o acha um estorvo? Acontece que June decide mandá-lo de volta para Paris, única cidade em que, diz ela, seu talento de escritor poderá desabrochar.

Henry se sente liberto do peso do passado ao tomar conhecimento de que sua ex-mulher Beatrix voltou a se casar, e, em seguida, do suicídio de Jean Kronski, a ex-amante de June. Sente mais do que nunca a necessidade de liberdade total, suportando cada vez menos as obrigações. No momento, não se sentir capaz de escrever algo decisivo o angustia.

Vindo de Londres na segunda-feira 3 de março de 1930 — na véspera, D. H. Lawrence morria em Veneza —, Miller desembarca na gare du Nord com seis dólares no bolso, emprestados pelo velho companheiro Emil Schnellock.[1] Hospeda-se no Hotel Saint-Germain-des-Prés, número 36 da rue Bonaparte, onde lhe dão um quarto sob o telhado, a 5 francos por mês.

No domingo seguinte, ele toma café com leite e croissants no Café du Départ, diante da ponte Saint-Michel. Ouve os clientes apoiados no balcão caçoar e rir. Está feliz, recusa-se a pensar nas dificuldades financeiras que o aguardam. Passeia ao longo do Sena, na direção de Notre-Dame, observa os pescadores, atravessa a ponte de l'Archevêché, compara a cor da água com a que corre sob a ponte do Brooklin. As ruas que se animam, os comerciantes armando suas vitrines e exposições o fascinam. Tudo o que vê o seduz: a banca dos açougueiros, a montagem dos frutos e legumes do vendedor de primeiros frutos, os feirantes interpelando as donas-de-casa.

Andando ao acaso, redescobre a place de la Bastille depois de ter caminhado pelo arrabalde Saint-Antoine. Enquanto saboreia uma garrafinha de Bénédictine, gosta de imaginar que seus escritores franceses preferidos o acompa-

---

[1]Emil Schnellock (1891-1958), amigo de infância e correspondente privilegiado de Miller. Cf. *Lettres à Emil* [Cartas a Emil], traduzidas por Frederic Jacques Temple, Christian Bourgois editor.

nham pelo caminho: Rimbaud, Baudelaire, Stendhal, Maupassant... Decreta intimamente que um escritor estrangeiro chegado a França deveria ter como primeira obrigação ler Rabelais em francês.

Paris parece dormir durante a trégua dominical. À tarde, os comerciantes abaixaram as portas de ferro. Chegando a Montparnasse, senta-se na varanda da Closerie des Lilas. Saboreia seu primeiro domingo em Paris. Em seguida, subindo o boulevard Montparnasse, segue pela rue de la Gaîté para tomar uma sopa de cebolas por 60 centavos no Restaurant des Gourmets. Ele anota no verso dos menus dos restaurantes tudo o que o diverte ou surpreende.

Em Paris, não se sente turista, emigrado ou aventureiro, mas um homem livre. Liberdade! Ele escreve seu nome em toda parte: nas cartas, nos textos, a palavra volta continuamente em sua escrita. Como Eluard nos dias sombrios da Ocupação.

Num artigo publicado numa revista francesa, explica: "O gosto do prazer está intimamente ligado à noção de liberdade: onde encontramos o primeiro, encontraremos sem dúvida a segunda. Naturalmente, não existe liberdade absoluta, tampouco prazer ou felicidade permanente, mas, relativizando-se, a França é o único país onde se pode procurar e encontrar no mais alto grau essa feliz combinação."[2]

Cultiva ferozmente sua independência; um dia, escreve ao amigo Fraenkel: "Posso mudar de idéias, de amigos, de país, tão facilmente quanto troco de camisa."[3]

Poderia acrescentar que troca de domicílio tão freqüentemente quanto da roupa de baixo. Na primavera de 1930,

---

[2] Em *La Revue des Voyages*, nº 21 (1956).
[3] Michael Fraenkel (morto em 1958), cidadão americano de origem russa, fundador das Éditions Carrefour.

mora no Hotel de l'Alba, número 60 da rue de Vanves no XIV bairro, não por muito tempo. Quando Miller não pode mais pagar o quarto, o operador de projeção do cinema Vanves lhe dá abrigo num escritório onde ele pode passar algumas noites Em dezembro, ele mora num ateliê de artista emprestado por um amigo, Richard Osborne,[4] no sétimo andar do número 2 da rue Auguste-Bartholdi no XV bairro. Está a dois passos da caserna Dupleix, onde está aquartelado o regimento de cavalaria, situado diante da igreja Saint-Léon. O bairro de aspecto provinciano é desinteressante, mas seu estúdio oferece uma vista soberba da torre Eiffel e da Escola Militar. Ali ele conclui *Crazy Cock*.[5]

Sabendo que ele não tem um tostão no bolso, Osborne deixa discretamente todas as manhãs um pouco de dinheiro em cima da mesa antes de ir para o escritório. Miller confessou que, sem a ajuda de Osborne, provavelmente teria morrido de fome.

Ele conta com os dólares que June deve enviar-lhe e com artigos para jornais assinados por Alfred Perlès, já que não pode assumi-los por não ser colaborador do jornal. Para sobreviver, faz-se convidar:

"Ao ritmo de duas refeições por dia — escreve Alfred Perlès — ele só precisava de 14 amigos [...].Todos ficavam absolutamente encantados em recebê-lo. Henry era um hóspede da melhor qualidade; pagava largamente sua cota exclusivamente com sua conversa."[6]

---

[4]Richard Galen Osborne, conselheiro jurídico no National City Bank de Paris.
[5]*Crazy Cock*, Belfond, 1991.
[6]Alfred Perlès (1897-1990), correspondente da agência Reuter em Paris, autor de *Mon ami Henry Miller* [Meu amigo Henry Miller], Julliard, coleção "Les Lettres Nouvelles", 1956.

Alfred Perlès consegue para ele um emprego como revisor na edição parisiense do *Chicago Tribune* onde não fica muito tempo, preferindo aperfeiçoar o francês para ler em breve André Breton e Rabelais no original.

No mês de abril, Fraenkel convida-o para morar na vila Seurat, espécie de rua sem saída encravada na rue de la Tombe-Issoire. Uma via tão curta quanto a vida do pintor morto aos 32 anos. Ela perpetua a lembrança do autor de *Un dimanche après-midi à l'île de la Grande Jatte*, sua obra-prima, pintada em 1886 e exposta no Art Institute de Chicago.

Desde sua criação em 1926, nos ateliês da vila Seurat desfilaram muitos pintores ilustres: André Derain, Salvador Dali, Marcel Gromaire, Jean Lurçat, Edouard Goerg, Chaim Soutine, o escultor Chana Orloff.

Fraenkel mora no número 18, um pequeno palácio. Esse neurastênico atormentado, freqüentemente maltratado e pirateado por Henry e seu amigo Perlès, é um tagarela, um falastrão bem cansativo. Dominado por idéias fixas, escreve a Henry longas cartas maçantes, e não leva em consideração as respostas que provocam. Contudo Henry aceita ouvi-lo matraquear longamente, esperando que seu discurso seja pontuado por um convite para jantar num restaurante, antes que ele volte para o *Chicago Tribune*.

Fraenkel gosta de arrastar Henry para as discussões literárias, estabelecendo um diálogo circular sobre a morte; tudo isso foi conservado num conjunto de cartas intitulado *Hamlet*.

Eles gostam de falar de suas leituras e concordam ao determinar que um livro deve provocar no leitor um estado de exaltação, de superexcitação e de loucura para merecer consideração.

Comentando os primeiros textos do amigo Henry, Fraenkel observa que, ao ler *Crazy Cock*, algumas passagens lhe pareceram fulgurantes, outras, ao contrário, continham muitas banalidades. Dá, então, ao amigo Miller este conselho: "Escreva, portanto, como você fala."

Henry está decidido a aceitar a sugestão de Fraenkel. Escrever sem se preocupar com a crítica, escrever o que pensa, o que vive: "Começo amanhã meu livro sobre Paris: primeira pessoa, sem censura, sem forma, pra merda com tudo."

Entre suas numerosas leituras, Henry observa em *Vie et souvenirs de Salavin"*, de George Duhamel,[7] como o herói, homem indeciso, mas lúcido, se parece com ele como um irmão: mesma idade, mesma desesperança, mesma dificuldade de agir, mantendo, contudo, a certeza de deter meios ainda inexplorados. Salavin aspira a uma espécie de santidade. O próprio Henry, em *Mademoiselle Claude*, seu primeiro conto publicado em 1931 em *The Little Review*, pretendia ir para Paris para ali levar a vida de um santo.

Instalado na vila Seurat, ele só tem um objetivo: escrever. Lembra-se da prece de sua adolescência quando, no pequeno alojamento do Brooklin, pedia a Deus que fizesse dele um escritor. No cômodo que ocupa na casa de Fraenkel, decide instalar a máquina de escrever diante de um espelho, do mesmo modo que um pintor ali planta seu cavalete para desenhar um auto-retrato. De fato, é especialmente sobre ele mesmo que a narrativa que se prepara para escrever vai tratar.

---

[7]George Duhamel, *Vie et souvenirs de Salavin* [Vida e lembranças de Salvin], 5 volumes, Mercure de France, 1920-1932.

Põe-se à obra, trabalha como um louco, fumando um cigarro atrás do outro, datilografando furiosamente na velha máquina de dez a 15 páginas pela manhã. Ele diz a respeito do romance: "Não é um livro. É um libelo, é difamação, calúnia."

Depois de longas horas durante as quais sua carcaça ficou dobrada numa cadeira, ele pára, esgotado, vai para a cama para relaxar as costas doloridas, e depois sai para passear por Paris, a cidade onde se sente em casa mais do que em qualquer outra parte. Perlès conta que Miller tinha pesadelos diante da idéia de voltar para a América. Ele conhece Paris na palma da mão, sua intimidade com os bairros é prodigiosa. De Montparnasse à Mouffe, da Butte-aux-Cailles às Bastignoles, do Bois de Boulogne a Montmartre, dos arrabaldes Saint-Denis e Saint-Martin até Nation. É visto nos bares ricos dos Champs-Elysées bem como na rue de la Gaîté onde a massa vai aplaudir Fréhel, Damia, Georgius, ou Lys Gauty no Bobino. Perde-se nos *bas-fonds* da Paris abjeta cujo exotismo o deixa maravilhado, acompanhando uma prostituta em hotéis miseráveis e sórdidos, cheios de percevejos, baratas e carochas; alivia-se nos mictórios dos quais aprecia a "suave música da água escorrendo na louça" (Brassaï), os estribilhos dos acordeões que vêm dos cabarés; gosta de dançar nos bailes populares, saborear Pernod apoiado ao balcão de zinco de um carvoeiro "madeira e carvão".

Ele também gosta de visitar em Martoune a Madame do "Sphinx" do número 31 do boulevard Edgar-Quinet. Bordel chique de Montparnasse, o estabelecimento é tão célebre quanto os dois concorrentes da margem direita: o "One two-two", da rue de Provence, e o histórico "Chabanais", perto da Opéra.

É um prédio moderno de quatro andares, construído no lugar de uma marmoraria funerária, cuja fachada cega é enfeitada com uma máscara de esfinge de estuque.

No dancing-bar, dança-se com bonitas táxi-girls escolhidas entre as mais belas da Folies-Bergères e do Casino de Paris. Inovação surpreendente, elas não são obrigadas a se prostituir; algumas nunca "sobem", preferindo contentar-se com a porcentagem sobre o que foi consumido.

Para muitos artistas, escritores, jornalistas, é uma espécie de clube: Albert Londres, André Salmon, Georges Simenon fizeram dali um anexo da sala de redação. Em troca de um passe, Miller redigiu um folheto publicitário. Mas com a repentina decisão de Fraenkel de sair da vila Seurat, Miller fica na rua. "As ruas eram meu refúgio."

"Pedestre de Paris", indigente sem trabalho, sem dinheiro, muitas vezes sujeita-se a dormir no banco diante da Closerie des Lilas. De vez em quando, Perlès lhe oferece abrigo no Hotel Central, no número 1 *bis* da rue de Maine. Quanto às refeições, vimos com que brilhantismo explorava os atrativos da conversa, pontuada, diz Brassaï, com seu "riso de golfinho celeste", pondo-se à mesa com amigos mais abastados que ele.

Desanimado pelo excesso de esforço para sobreviver, pensa em voltar para Nova York. Está cansado de viver como um vagabundo. Gostaria tanto de permanecer definitivamente em Paris, mas não como um mendigo.

Escreve ao amigo Emil que armazenou com o que compor uma dúzia de livros. É urgente escrevê-los. Em Nova York, poderia, por exemplo, escrever um sobre Paris.

O encontro casual de uma fada vai alterar seus planos e transformar sua situação miserável em vida ardente e mais confortável. Mais uma vez Richard Osborne, o conselheiro jurídico do National City Bank, junto ao qual Miller encontrara um abrigo precário no ateliê de artista da rue Auguste-Bartholdi, vai imiscuir-se para tirá-lo do desânimo e da desesperança.

29

Osborne mantém relações de negócio com o banqueiro Hugh Guiler, esposo de Anaïs Nin. Filha do compositor cubano de origem espanhola Joaquín Nin y Castellano[1] e de uma dançarina franco-dinamarquesa, a jovem é escritora. Enfrentando audaciosamente a *vox populi*, ela se propõe a publicar um ensaio sobre D. H. Lawrence. Apesar da recente morte do romancista inglês, a hostilidade de seus detratores não se acalmou. A importância concedida ao sexo em suas obras permanece para eles um escândalo inadmissível.

Mulher de letras cosmopolita, Anaïs Nin, amiga de numerosos escritores, mantém um monumental diário desde os 17 anos, espécie de auto-análise na qual ela se esforça para impor uma visão especialmente feminina do mundo.

Anaïs viveu a juventude na América. Quando seu pai se instalou na França, depois de ter abandonado a família, ela se casou com o banqueiro Hugh Guiler.

---

[1]Joaquín Nin y Castellano (1879-1949), compositor e musicólogo de origem espanhola. Aluno de Vincent d'Indy, professor da Schola Cantorum, animou a vida musical de La Havana. Conhece-se dele um minidrama, um balé e peças de música de câmara. Deu vida nova à música popular espanhola.

Quando Osborne lhe apresenta Miller, num almoço oferecido por ela na bela casa de Louveciennes, Anaïs tem 28 anos.

Bela, elegante, excelente dona de casa, ela fascina Henry. A mesa é extraordinária, os vinhos, admiráveis; Henry deixa explodir sua alegria, a felicidade de estar ali, naquele ambiente rico, conversando com a anfitriã cujo leve sotaque cantante o enfeitiça. Henry não pára de falar de literatura, lembra a volta a Paris de sua mulher June para as festas do próximo Natal. Ele é enganado por essa esposa, mas não pode deixar de admirar seus prodígios e suas quimeras, com a inércia de um utopista.

"Mona (June) não é mentirosa, você sabe bem. Ela inventa, deforma, fabrica [...] porque é mais interessante", diz Stasia (Jean Kronski) em *Nexus*.[2]

Anaïs, intrigada, pede a Henry que lhe comunique tudo o que ele escrever. Ele apressa-se em enviar-lhe seu *Paris book*, um livro que ele preferiu chamar de *the last book*, "o último livro", a fim de não confessar que se trata de sua primeira obra. Não menciona *Moloch* nem *Crazy Cock*, seus dois outros títulos que jamais encontraram um editor. Aproximando-se dos 40 anos, ele se interroga. Escreve há sete anos, sem ter realizado o *seu* livro, uma obra cujo alcance inovador ele pressente. Tenta consolar-se lembrando que Joyce tinha a sua idade quando publicou *Ulisses*, e que as cartas aos amigos talvez sejam a obra maior de sua vida errante.

June se hospeda no Hotel Princesse em Saint-Germaindes-Prés. Tem um pouco de dinheiro, anda por Montparnasse

---

[2]*Nexus* (terceira parte de *La Crucifixion en rose* [A crucificação encarnada]), traduzido por Roger Giroux, Buchet-Chastel/Corrêa, 1960).

onde não passa despercebida. Sua beleza radiante, seu modo de caminhar, sua postura fazem as cabeças se virar. Suas roupas extravagantes não são, infelizmente, adequadas; ele tirita no vestido de xantungue, numa Paris hibernal, da qual conheceu estações mais clementes durante seus passeios pelas varandas dos cafés.

A pedido de Anaïs, Henry vai apresentá-la em Louveciennes. Impressionada por sua beleza, Anaïs ouve sua tagarelice desordenada, descobre que o feitiço exercido por aquela mulher indefinível só pode ser fruto do imaginário de Henry, levado ao eretismo. June não é a escritora June Mansfield, é apenas a beleza transcendida.

Sem dinheiro, ela decidiu voltar para Nova York. Anaïs vai ajudá-la na compra da passagem transatlântica. Lá, June retomará sua vida incerta de duplicidade com fantasmas miríficos. Henry, sem convicção, promete que logo irá ao seu encontro; ela não acredita numa palavra; Paris os desuniu para sempre.

Depois de um encontro no La Rotonde, Anaïs Nin e Henry Miller se revêem para juntos ler seus últimos escritos. Henry, febril, espera o táxi que vai levar a bela de Louveciennes.

Se, durante o almoço de Louveciennes, ele dava a impressão de escutá-la com a maior atenção, foi muito mais porque o olhar claro de seus olhos, a graça de seus gestos, a silhueta elegante e o riso delicioso o cativaram e seduziram. Henry constata que a jovem mulher representa para ele a mais completa feminilidade. Bela, inteligente, letrada; ele não imaginava poder encontrar um dia seu ideal feminino. Têm o mesmo gosto pela escrita, cada um exercendo-a à própria maneira: todos os dias Henry faz anotações de um modo rascunhado e desordenado a fim de escrever *seu livro*, enquanto Anaïs transcreve secretamente as suas em seu diário.

No terraço do La Rotonde onde ela se encontra agora perto dele, ele treme diante da idéia de lhe dizer que ousou escrever-lhe uma carta de amor. Assim que ele se refere a isso, Anaïs se esquiva, alegando sua decepção por ver romperem-se as primícias de uma amizade, para a qual ela suspeitava secretamente uma saída inelutável.

Sua reação de mulher amedrontada é apenas um pretexto. Alguns dias depois, quando se encontram para um almoço, ela lhe oferece *Albertine disparue*[3] em edição francesa, e esconde entre as páginas do livro de Proust um talão de passagens de trem para Louveciennes.

À força de amabilidades, atenções, favores, Anaïs aos poucos toma a si a vida de Henry. Ele, apesar de seus sacrossantos princípios de liberdade, rende-se à doçura daquele amor nascente e se entrega à generosidade de Anaïs.

Ela pensa que Henry não se sente fisicamente atraído por ela, que na relação deles vão contar apenas os estimulantes de seus sonhos: amor pela vida, curiosidade, entusiasmo, energia.

Agudamente, Henry se faz perguntas: Anaïs é mulher com quem se pode ser perfeitamente sincero? A mulher que, amando-o, não entrava a liberdade? A mulher que oferece ao artista os meios necessários para a realização de sua obra?

Na mesma noite do primeiro encontro que tiveram, Anaïs lhe escrevera que jamais seria dele. Não precisava de mais nada para exacerbar seu desejo. "Nós apenas nos escreve-

---

[3]Proust, Marcel. *A fugitiva*. Tradução de Fernando Py. Rio de Janeiro: Ediouro, 1995. *Em busca do tempo perdido*. V. 6. (*N. da T.*)

remos", lhe diz ela. Um programa que se enquadra bem mal com a exaltação voluptuosa de Henry. Ele sonha vê-la dançar naquele vestido rosa que ela usava no jantar em que lhe apresentou June.

Naquele 4 de março de 1932, ele a espera na taberna escandinava Aux Vikings da rue Vavin. Se seu quarto não estivesse num estado tão lamentável, ele a convidaria ao Hotel Central para lhe mostrar suas aquarelas; tem tanta vontade de abraçá-la. Mas eles não irão ao quarto dele; naquela noite, é impossível; ela tem de voltar para Louveciennes. Conversando, diz-lhe que decidiu submeter-se às circunstâncias da vida, dando-lhe a entender com isso que lhe entrega o curso de sua existência.

Um encontro é marcado para dali a três dias, na segunda-feira seguinte. Impaciente, escreve-lhe sobre o ardor de seus sentimentos, sem lhe esconder o desejo de a ter para si. A carta está pronta, mas ele hesita em enviá-la com medo de que o marido abra sua correspondência. Decide entregá-la pessoalmente.

Três dias sem vê-la é-lhe intolerável. Trabalha sempre à noite no *Chicago Tribune*, mas aproveita o longo domingo para se dedicar ao livro já bastante adiantado. No quarto sem aquecimento, coberto como um inuíte, ele abate dez páginas novas por dia.

À noite, não agüentando mais, decide ir até ela com o objetivo de convidá-la para jantar em Paris com o marido. Corre para a gare Saint-Lazare, sobe no primeiro trem de partida. Da estação de Louveciennes, corre até a casa dos Guiler, na rue Montbuisson, toca a campainha sem obter resposta. Vendo que o carro não está no pátio, preocupa-se, toca de novo, longa, desesperadamente. Ninguém responde. Anaïs e o marido saíram; é um contratempo que ele não previra. Seu abatimento só se compara com a necessidade imperiosa de vê-la, falar com ela, trocar com ela um olhar cúmplice. Ele está igualmente decepcionado por não poder entregar-lhe o manuscrito que leva apertado sob o braço. Resignado, volta para a estação. O dia declina, tudo está calmo. É uma bela noite de março da qual brota a primavera. A estação parece abandonada: "Como as estações do subúrbio são tristes nas noites de domingo!"

No mês de março de 1932, ele aluga com Perlès um apartamento de dois cômodos no primeiro andar do número 4 da rue Anatole-France, em Clichy. Anaïs achou o lugar triste e muito longe de Montparnasse. Para os dois amigos, um banheiro com água quente e uma cozinha, mesmo que minúscula, é muito conforto.

A vida é alegre em Clichy; Anaïs fica lá quando o marido viaja para o estrangeiro. São dias de festa na pequena cozinha onde o vinho d'Anjou corre à larga. No quarto de Henry, recentemente pintado, o pijama de seda e o estojo de toalete de Anaïs, postos sobre o leito, são as primícias de uma longa noite de amor.

Não é apenas em Clichy que eles se encontram para se amar quase que diariamente, mas também perto do escritório do jornal de Henry onde os pequenos hotéis não faltam: o Cronstadt, o Anjou; são muitos na rue Lamartine e em volta de Notre-Dame-de-Lorette os que recebem aquelas que oferecem ao cliente que passa o êxtase tarifado de um momento.

Durante a ausência de Anaïs — ela está no Tirol com o marido —, Henry termina o livro: "Grito de guerra antes do apocalipse" que exprime cruamente, sem rodeios, "tudo o que é omitido nos livros".

Depois das hesitações quanto ao título a ser dado à obra, ele opta por *Trópico de Câncer*. Mais pelo signo do simbolismo chinês do que pelo emblema da constelação zodiacal do hemisfério boreal. O caranguejo, artrópode que se desloca em todas as direções graças aos cinco pares de patas, não é a alegoria de sua epopéia picaresca, de sua "deriva de rodeio" e de suas peripécias em Paris? O Câncer é também para ele a síndrome de que sofre o universo.

Depois de ter lido o manuscrito, William Bradley, agente literário bem conhecido, diz a Miller que, na sua opinião, um único editor ousará publicar o livro: Jack Kahane. Ele envia o texto ao editor sulfuroso, mas, circunspecto, acrescenta esta recomendação: "com minha bênção prudente e sem compromisso".

Kahane associou-se desde o final de 1932 a Marcel Servant, excelente impressor e eminente gastrônomo. Ao batizar sua editora de Obelisk, Kahane faz questão de diferenciá-la de Vendôme, nome da tipografia de Servant. A principal atividade editorial deles, romances licenciosos, deixa supor que a escolha da razão social não se deve ao acaso, mas a uma conotação fálica simbolizada pelo Obelisco da Concorde e pela coluna Vendôme.

Durante dez anos, Jack Kahane editará em Paris livros que nenhum editor anglo-saxão quer se arriscar a publicar. As alfândegas se esmeram em descobrir numa obra as páginas caracteristicamente obscenas ou pornográficas. O livro incriminado é então imediatamente recolhido e destruído. As normas draconianas são rigidamente aplicadas pela censura. Kahane se acomoda muito bem a essas restrições enquanto deste lado da Mancha esse tipo de obra não for objeto de nenhum ostracismo. Contenta-se com retomar os títulos desprezados, entregá-los tais quais à tipografia do sócio e, em seguida, distribuí-los em determinadas livrarias parisienses.

Ele conta com as obras dos exilados em Paris para garantir sua reputação de editor. Mas os melhores escritores já têm contrato. Os outros, hesitantes, passam o tempo conversando nas varandas dos cafés de Montparnasse, vivem falando dos próximos livros, sem jamais escrever a primeira linha deles.

No fim do verão de 1932, Kahane leva o manuscrito de *Trópico de Câncer* para ler no campo, onde vai passar o fim de semana. Em suas memórias, ele conta:

"Iniciei-o depois do almoço, à sombra da grande bétula [...], e o crepúsculo virava noite quando o terminei. Finalmente! Murmurei interiormente. Era o mais terrível, o mais sórdido, o mais magnífico de todos os manuscritos que passaram por minhas mãos; nada do que eu recebera anteriormente lhe era comparável pelo esplendor da escrita, a profundidade insondável do desespero, o sabor dos retratos, a alegria transbordante do humor. Ao voltar para casa, sentia a exaltante sensação de triunfo do explorador que se depara, enfim, com o objeto que procura há anos. Tinha nas mãos uma obra de gênio, e me haviam pedido sua publicação."[4]

Servant, o sócio de Kahane, personagem rústico e cúpido, não imagina outra solução para rentabilizar Obelisk a não ser publicar romances lúbricos, ou mesmo pornográficos. Política editorial que vai de encontro à de Kahane, cujo desejo é se impor como respeitável editor de literatura. "Literatura!" — essa palavra significa para Servant "obscuro e invendável". O

---

[4] Jack Kahane (1887-1939) em *Memoirs of Booklegger*, Michael Joseph, Londres, 1939.

difícil escoamento dos textos de Joyce só pode confirmar sua doutrina. Assim é que o entusiasmo de Kahane pelo romance do desconhecido que se assina Henry Miller acentua seus temores e o pressentimento de que seu sócio se engaja, mais uma vez, numa publicação economicamente duvidósa.

Como todos os expatriados de Montparnasse, Kahane idolatra James Joyce. "Como vai Deus?" — tem o costume de perguntar a Sylvia Beach. Ainda surpreso de que a jovem livreira tivesse tido a audácia de publicar uma obra como *Ulisses*, que ele considera obscena e desconcertante, embora admirável, Kahane tem ainda a esperança de um dia retomar-lhe os direitos de publicação; objetivo contestado por Sylvia Beach. Ele se consola, obtendo dela um trecho de *Work in Progress* e de *Pomes Pennyeach*, dois pequenos textos de Joyce cuja má venda será para a Obelisk uma derrota comercial.

Encontrar Joyce, o mais célebre expatriado, não é fácil, mas Kahane faz questão absoluta de conhecê-lo. Sabe-se que um encontro com o autor de *Ulisses* é tão difícil de se conseguir quanto uma audiência papal. Depois de muita insistência, Sylvia aceita por fim levá-lo até o escritor, no número 7 da rue Edmond-Valentin. Kahane, muito impressionado, sente-se desfalecer ao apertar a mão frágil que lhe estende o mestre. Com uma compunção de prelado, Joyce condescende em lhe apresentar os membros do areópago de idólatras que o cercam. A aparição alegre de sua esposa Nora, seus risos ao trazer chá e bolinhos, descontraem o ambiente. Depois das formalidades de praxe, Kahane se isola com Miss Beach e, com a maior deferência, lhe entrega um cheque de 50 mil francos para ter o privilégio de editar um fragmento de *Haveth Childers Everywhere*, obra na qual Joyce estava trabalhando.

No mês de fevereiro de 1934, os dias tranqüilos em Clichy terminam. Miller volta para o número 18 da vila Seurat, onde um ateliê ficou vago no primeiro andar. É o paraíso perdido recuperado. Ao mudar novamente para a vila Seurat, Miller fechou o círculo. Seu livro, cuja publicação provavelmente tinha sido protelada pelas dificuldades financeiras da Obelisk Press, vai por fim aparecer. Coincidência fatal, ele começa com essas palavras: "Moro na vila Borghese..."

Jack Kahane gostaria de acrescentar um prefácio ao livro. Henry não vê necessidade, e sugere então pôr como epígrafe essas simples palavras: "Meu objetivo era provocar uma ereção."

Finalmente Miller pode se atribuir o título de verdadeiro escritor. É agora o autor desse *Trópico de Câncer*, notado por Aldous Huxley, Ezra Pound, Marcel Duchamp, Raymond Queneau e Blaise Cendrars. Este, entusiasmado, chega à vila Seurat a 15 de dezembro, às três da tarde, para conhecer o autor. A conversa tem início em francês; assim decidiu Cendrars. *Trópico* vai ser traduzido para o francês o mais rapidamente possível, lhe diz ele: "Você é dos nossos, seu livro é basicamente daqui; pelo espírito, pela escrita, pelo poder e pelo dom. Você é um escritor universal como todos os que souberam exprimir num livro uma visão pessoal de Paris."

Que Cendrars lhe fale das páginas sobre Paris antes de mencionar aquelas que tratam de sexo, toca Henry. Ele confessa a Anaïs que sua intuição não o enganou, Cendrars é mesmo "um homem verdadeiro, aquele que eu esperava que aparecesse e me saudasse".

Essa saudação Cendrars lhe dirige sob a forma de um artigo publicado na revista *Orbes*, que começa dizendo: "Um escritor americano nasceu para nós. Livro régio, livro atroz, exatamente o tipo de livro de que mais gosto."[5] Os dois escritores não deixaram de se corresponder desse dia até a morte de Cendrars, em 1961.[6]

Enquanto em Paris muitos se interrogam sobre a obra de um escritor desconhecido que, em 1932, não tendo obtido o Goncourt, foi coroado com o prêmio Théophraste Renaudot pelo livro *Voyage au bout da la nuit*,[7] outros acreditam ver em *Trópico de Câncer* a influência de Céline, esse Louis-Ferdinand Destouches, médico do dispensário de Clichy, que revoluciona as letras francesas. Sofisma. Naquela época, Miller ainda não tinha lido *Viagem*. Os dois escritores poderiam ter se encontrado no *Paris-Soir* quando Céline lá esteve para falar de seu livro, mas também em Clichy ou em Nova York.

Céline disse a respeito de *Trópico*: não é literatura, mas a vida tal como ela se apresenta. Nisso Miller se aproxima muito mais de Cendrars, que proclama: "Não mergulho minha pena num tinteiro, mas na vida."

Embora a faixa de *Trópico de Câncer* venha com a nota: "este livro não deve ser exposto em vitrine", a livraria Tschann, no boulevard Montparnasse, desafia a proibição em novembro de 1934, ao exibir: "*Tropic of Cancer* by Henri Miller". A sobrecapa do livro é ilustrada com um desenho que representa

---

[5]*Orbes*, revista dirigida por Jacques-Henri Lévesque, Série nº 2, verão de 1935.
[6]Blaise Cendrars-Henry Miller, *Correspondance 1934-1961*, reunida e apresentada por Miriam Cendrars. Éditions Denoël, 1995.
[7]Louis-Ferdinand Céline. *Viagem ao fim da noite*. Tradução de Rosa Freire d'Aguiar. São Paulo: Companhia das Letras, 2004. (*N da T.*)

um caranguejo enorme postado sobre um globo terrestre, apertando entre as pinças um ser humano. Ao pé da capa, uma recomendação expressa: *"Not to be Imported into Great Britain or U. S. A."*[8]

Miller terá de esperar até 1961, e ter 70 anos de idade, para ver *Trópico de Câncer* publicado nos Estados Unidos, conquistando mais de um milhão de leitores; os processos por pornografia não foram estranhos a esse sucesso tardio. Para Miller, escrever não terá mais limites. Ele anuncia: "Escreverei o que nenhum homem ousa dizer: é pegar ou largar, e creio que eles pegarão."

Depois da guerra, ele voltará freqüentemente para farejar o ar das ruas de Paris. Autor agora célebre, o ex-expatriado de Montparnasse jamais esquecerá os dias de miséria nem as horas laboriosas e exultantes de escrita de seu livro maior, seu *Trópico de Câncer*, desde então traduzido no mundo inteiro.

---

[8] A venda clandestina de *Trópico de Câncer* começa além-mar. Algumas livrarias de Nova York, bem conhecidas no mundo literário, o venderão por debaixo do pano.

30

Desde o início dos anos 1920, as jovens mulheres anglo-saxônicas se estabelecem na margem esquerda do Sena com os escritores exilados. Elas formam um grupo de talentos diversos: umas são poetas, romancistas, autoras dramáticas; outras, jornalistas, criadoras de magazines, de revistas, de editoras, e até mesmo de tipografias.

Recusando a atmosfera deletéria e opressora do puritanismo do país de origem, elas foram para Paris respirar um ar de liberdade, afastar-se da discriminação sexista, desertar de uma cultura indigente.

Cada uma delas vai desenvolver com energia uma literatura nova, mais audaciosa. Sylvia Beach, em sua pequena loja da rue de l'Odéon; Nancy Cunard no antigo estábulo de sua fazenda nas proximidades de Paris. Ambas tão temerárias quanto uma Caresse Crosby, animando as Edições Black Sun, e mais tarde a editora Crosby Continental, depois da morte do marido, ou quanto Jane Heap e Margaret Anderson, intransigentes diretoras editoriais da *The Little Review*.

Os textos efervescentes das escritoras Djuna Barnes, Solita Solano, Bryher, Mina Loy, Kay Boyle, Katherine Anne Porter contribuíram para a renovação das letras anglo-saxônicas reveladas pelos rostos juvenis e luminosos de Berenice Abbott e Gisele Freund em fotografias imortais.

A partir de 1925, Janet Flanner vai redigir mensalmente, e isso durante meio século, uma *Carta de Paris* para o *New Yorker*. Ela tentará relatar pequenos fatos comuns, ou acontecimentos espetaculares que se desenrolam "na capital das capitais do mundo".

Harold Hoss, redator-chefe da revista, acredita encontrar, naquela época, afinidades culturais entre a França e a América. Ele pede a Janet Flanner que se aplique a descrever aos leitores o modo de vida dos parisienses, freqüentemente ignorado pelos turistas americanos de passagem, e também o de numerosos exilados que vivem isoladamente em Montparnasse.

Essa espécie de narrativa epistolar certamente não é nova. Em 1822, a revista inglesa *Paris Monthly Review* pedia a Stendhal que enviasse uma *Carta de Paris* aos assinantes. O autor de *A cartuxa de Parma*, gozando de inteira liberdade de expressão, apressou-se a entreter os leitores com seus temas preferidos — Rossini, Racine, Shakespeare —, e ainda com suas queixas contra o governo, as instituições, a administração e alguns escritores cuja fama ele considerava usurpada, qualificando-os de safados e charlatães.

Correspondente em Paris do *Dial* de Chicago, Ezra Pound escreve *Cartas de Paris* nas quais se alegra por ter trocado Londres pelas margens do Sena, a fim de ali poder incensar os artistas da provocação e da renovação, aqueles que se "libertaram da estupidez e da timidez santificada".

Sucedendo a Pound, Paul Morand envia, por sua vez, *Cartas de Paris* ao *Dial*, entre 1923 e 1929. Relata aos leitores de Chicago os acontecimentos marcantes da vida cultural da capital: criação dos Balés russos, inauguração da exposição das Artes Decorativas, leitura dos primeiros livros de Julien Green, e ainda notícias de teatro, exposições, concertos e, por vezes, escapadas em Paris vistas pelo olho desse epicurista fanático por Paris.

Valery Larbaud, por sua vez, convidado por *The New Weekly*, envia de Paris uma carta semanal ao jornal a partir de 21 de março de 1914. Sua colaboração se interrompe no início da Grande Guerra.[1]

As *Cartas* de Janet Flanner contam a vida de grande número de personalidades e fervilham de acontecimentos inéditos tirados diretamente das fontes. Nunca reivindicadoras, nem destinadas a saciar alguns rancores como as de Stendhal, elas são unicamente voltadas para a vida literária e para os movimentos que agitam a vida intelectual francesa. Paris é sempre o tema central. Janet Flanner é bem-vinda em todos os lugares; convidam-na para concertos, óperas, corridas, desfiles de moda, bailes, inaugurações ou chás onde é uma convidada privilegiada. Essas manifestações alimentam seu trabalho de jornalista, o qual revela, na maioria das vezes, um verdadeiro talento para a escrita.

As *Cartas de Paris* constituem um testemunho capital para o conhecimento e estudo da vida parisiense dos expatriados e do lugar das mulheres anglo-saxônicas na Paris literária. Trata-se de colocar-se ao alcance dos leitores americanos, distantes geográfica e psicologicamente de Paris e dos parisienses, de não escrever apenas para as pessoas de seu próprio meio social e intelectual, mas, ao contrário, para o maior número,

---

[1] Valery Larbaud, *Lettres de Paris* [Cartas de Paris] (março-agosto de 1914). Éditions Gallimard, 2001.

que ela espera ser suficientemente culto, curioso e sutil para captar o olhar inédito dirigido sobre Paris por uma americana vivendo na Europa. Janet Flanner esforça-se por contar, com agudo sentido de observação, cenas da vida pública e privada de personagens suficientemente célebres para cativar os leitores. Com perfeita neutralidade, relata seus feitos e gestos, sem interpretação ou análise, apenas como testemunha atenta.

Quando em maio de 1929 concede uma entrevista a *The Little Review*, confessa que gostaria de ser uma escritora, uma espécie de Laurence Sterne, ou uma das irmãs Brontë. Seu modelo entre os contemporâneos continua sendo seu amigo íntimo Hemingway; ela aprecia a seriedade com a qual ele pratica seu ofício.

Quando William Shawn[2] intenta reunir a maioria de suas cartas cobrindo o período dos anos 1925-1940, ela o dissuade:

"Tudo isso contém lacunas e omissões catastróficas, dignas de um iletrado, por tudo o que diz respeito aos livros de autores franceses de primeira importância aos olhos dos leitores americanos de hoje; estejam eles vivos ou mortos, são célebres e fazem agora parte da cena cultural transatlântica. Em vez de falar de Gide e de seus livros, de Camus e de *O Estrangeiro* ou de *A Peste*, de Sartre e de *O Ser e o nada* etc. estraguei nossas páginas com futilidades efêmeras que dariam náusea num leitor inteligente e apaixonado de 1966."

Exigente e crítica em relação ao seu trabalho, Janet Flanner não teve outra opção a não ser resignar-se a apresentar em suas *Cartas* impressões fugazes da vida parisiense; a tarefa que lhe incumbia era fixada pelos responsáveis do *New Yorker*.

---

[2] William Shawn, lendário diretor do *New Yorker*.

Cândida ironia, Harold Ross tinha decidido assinar as *Cartas* com pseudônimo. Ao escolher "Genêt", ele acreditara ter traduzido para o francês o nome de Janet.

Conhecida pelo espírito mordaz e pela beleza, Djuna Barnes faz parte dos exilados de Greenwich Village que, em Paris, constituem a turma de McAlmon. Ela passa a maior parte do tempo nos cafés do boulevard Montparnasse, na varanda do Dôme e do La Rotonde ou no bar do La Coupole, mas também no Café de Flore, usando uma longa capa herdada de Peggy Guggenheim. Vai lá para se "desamericanizar" e devanear em Saint-Germain-des-Prés. Embora tenha afirmado ter perdido tempo, jamais parou de escrever todos os dias, deitada na cama do Hotel d'Angleterre, rue Jacob, do mesmo modo que, a algumas braças dali, Edith Wharton, na rue de Varenne, autora cujos livros ela não aprecia. Pintora, Djuna ilustrou também alguns de seus livros. Sua obra se compõe de poemas, peças de teatro, ensaios, romances e contos, bem como artigos de jornais e crítica dramática.

Nightwood — *Le bois et la nuit*, prefaciado por T. S. Eliot, seu mais conhecido romance, seduziu a vanguarda cultural dos anos 1920. Eliot recomendou calorosamente a sua leitura a seus alunos.

As numerosas relações femininas de Djuna respeitaram, na maioria das vezes, sua vida privada. Mantiveram-se discretas em seus testemunhos sobre as estreitas relações que ela manteve com alguns círculos femininos parisienses.

Ela se mistura pouco com os exilados entre os quais sua beleza e seu espírito prejudicam suas qualidades de escritora. James Joyce, a quem às vezes tentam compará-la, estima seu talento e lhe manifesta amizade. Ela é a única mulher, com sua esposa Nora, a chamá-lo de Jim. Essa proximidade impressiona alguns e os obriga a modificar o julgamento sobre sua obra. Passando por altiva, porque tímida, Djuna é às vezes descrita como lésbica dura e vulgar, de inteligência masculina. Depois de uma tentativa de sedução, Pound julgará sua reputação exagerada e avaliará seus livros como cheios de "falofobia". Será o *Lady Almanack Written & Illustrated by a Lady of Fashion* que o irrita? Por detrás do anonimato, todos reconheceram naquele Almanaque as belas amigas de Djuna disfarçadas. Do mesmo modo, em seus romances, seus personagens são tirados de sua vida privada. Alguns deles revelam uma sexualidade ambígua e um universo onde droga e álcool estimulam as derivas na Paris noturna e clandestina.

Djuna deixa Paris em 1931, viaja pela Europa, vive em Nova York, em Londres e reaparece em Paris em 1937 para a venda de seu apartamento na rue Saint-Romain.

Considerada uma escritora importante na linhagem de Joyce com quem partilha determinados procedimentos literários, Djuna Barnes não teve de suportar, como Gertrude Stein, o dilúvio dos sarcasmos, nem conheceu o desdém de seus compatriotas por suas obras. Afastando-se gradualmente do mundo, terminou a vida na miséria, longe das exigências da literatura e do amor. Morreu em Nova York, aos 90 anos, no mês de maio de 1982.

Estudante na universidade da Pensilvânia, Ezra Pound encontra, durante uma festa à fantasia de *Halloween*, Hilda Doolittle, uma colegial de 15 anos. Naquela noite, Pound não passa despercebido. Enrolado num albornoz verde, comprado por ocasião de uma viagem anterior, o jovem rapaz de olhos magníficos e cabelos de estranha cor de bronze dourado é um choque para a moça. William Carlos Williams dizia que encontrar Pound era como que passar de "antes de J.C. para depois". Viveram um idílio durante passeios no campo onde encontram refúgio numa cabana construída numa árvore pelo irmão de Hilda. As relações desse primeiro amor são uma experiência perturbadora para Hilda; a estudante apaixonada por poesia adota os princípios do companheiro. Ezra Pound já se considera o chefe da escola dos modernistas.

Para Ezra Pound, Hilda é a ninfa protetora dos bosques cuja selvageria ele encoraja. Como todos os enamorados, ele lhe envia poemas que reunirá em *Hilda's Book*, mais apaixonados do que convincentes, influenciados pelos pré-rafaelitas Rossetti, Morris e outros.

William Carlos Williams acha Hilda ridícula por querer dedicar a vida a Ezra. Como vimos, Hilda Doolittle viverá com Bryher uma amizade amorosa de poetas, sem jamais renunciar aos sentimentos profundos que lhe inspira Ezra Pound. Depois do casamento de Bryher com McAlmon, as muitas viagens que, juntas, as duas mulheres realizarão jamais a farão esquecer o exilado de Rapallo. Ela será a primeira a vir em socorro do pobre Ezra, aprisionado depois da vitória dos aliados na Itália por causa de sua infeliz colaboração com o fascismo italiano, durante a qual ele degradará sua glória e sua reputação.

31

Impressor de edições de luxo como William Bird, lepdop-terologista como Nabokov, agente secreto como Graham Green, tenista como Hemingway, Frederic Prokosch, poeta e romancista americano do Wisconsin, desembarca do navio *Berengaria*, no Havre, em junho de 1938, para férias universitárias em Paris. Do mesmo modo que quer visitar o Louvre Notre-Dame, a torre Eiffel e o Arco do Triunfo, quer conhecer Gertrude Stein e James Joyce, os dois monumentos do exílio literário anglo-saxão. Embora grande admirador de *Ethan Frome*, seu companheiro de viagem o dissuade de visitar Edith Wharton que, em Paris, diz ele, é considerada como fazendo parte de uma "oligarquia ultrapassada, mofada".

Entomologista por vocação, Prokosch age como verdadeiro antropólogo com seus interlocutores. Minucioso, indiscreto, não há ninguém como ele para descrever um personagem, inseri-lo num ambiente familiar e, eventualmente, fazer o levantamento de suas manias e contradições, com grande liberdade de expressão e espontaneidade associada a uma candura simulada.[1]

---

[1]Frederic Prokosch (1908-1989), autor de *Voix dans la nuit* [Voz na noite], tradução de Léo Dillé, Fayard, 1984.

Temível perspectiva, ele planeja fazer uma "visita idólatra" a Gertrude Stein. Chegado o dia, ele penetra o imóvel do número 27 da rue de Fleurus, e aciona suave, mas firmemente a campainha de marfim. "Sentada numa poltrona de pelúcia vermelha, os joelhos largamente afastados, ela era menor do que eu esperava (eu esperava uma giganta); tinha a voz menos sonora e os modos menos intimidantes. Na realidade, ela tinha algo de delicado. Seu rosto podia ser rude e enrugado como o de um alpinista, mas, ao mesmo tempo, oferecia um aspecto civilizado, suavemente contemplativo."

A conversa gira em torno da viagem à Espanha; Prokosch tinha voltado de lá e, enquanto Alice Toklas não pára de repetir que detesta a Espanha, Gertrude emenda: ela achou os Goya muito bons, os Greco mais do que honráveis, mas os Murillo e os Zurbarán deixaram-na insensível.

Prefere Paris a Maiorca? — ele se arrisca a perguntar-lhe.

"Paris tem seu próprio aroma, certamente, mas sua sedução é muito especial" — responde ela; e lhe conta que Alice lamenta os mictórios públicos que ela considera supérfluos. Gertrude diz ter explicado à companheira que os parisienses são bebedores de vinho e que, nos homens, a bexiga se impacienta mais rapidamente do que nas mulheres. Ela se habituou àquelas edículas e pontua: "Na França, é preciso se adaptar ao perfume dos urinóis; digo perfume, mas essa palavra é um eufemismo."

Em seguida, conta sua chegada a Paris com o irmão Leo, em 1903; sentia falta de sua terra, disse ela, mas isso se atenuara; conservava amigos na América para quem escrevia de vez em quando, e por muito tempo mantivera os hábitos alimentares americanos. E conclui dizendo: "Tem-se desses hábitos nativos, e seria loucura combatê-los. Permanece sempre dentro de você um americano adormecido; é inútil ter-se adaptado aos mictórios, aos cremes gelados, à cupidez; é inútil, a gente continua americano."

Ela acrescenta que "até Alice, aquela cigana, é a seu modo profundamente americana".

Observando atentamente Gertrude Stein, Prokosch nota que seu olho esquerdo é menor e até mesmo um pouco mau, como no retrato de Picasso.

Como se lesse seus pensamentos, ela lhe diz: "Será que eu me pareço mesmo com o Picasso? Vendi" — continua — "um belo Picasso, *Femme à l'Éventail*; o dinheiro da venda serviu para a criação de nossa editora Plain Éditions."

"A senhora tem uma filosofia específica, Miss Stein?" — pergunta ainda Prokosch.

"— Um escritor deve sempre tentar ter uma filosofia; deveria, além disso, ter uma psicologia e todas essas coisas. Sem filosofia, psicologia, ou o resto, ele não é verdadeiramente digno do nome de escritor. Concordo com Kant, Schopenhauer, Platão e Espinosa; em matéria de filosofia, é plenamente suficiente."

Ela lhe diz ainda que uma filosofia não é a mesma coisa que um estilo e que, na atualidade, ter estilo é primordial. Proust, ela reconhece, tem um certo estilo, mas ele se enfraquece nos momentos de crise. Ela não quer, sobretudo, ouvir dizer que Joyce tem um estilo. Para ela, brincar com as palavras e com os advérbios não é um estilo, assim como brincar com as idéias não é filosofia. Ela admite que, para alguns escritores, é preferível não ter o menor estilo do que ter um estilo vulgar. Na sua percepção, é preciso acabar com a velha maneira de dizer as coisas; as coisas deixaram de ser coisas individuais, com princípio e fim. "Encontrei" — diz ela — "um estilo diferente sem fim ou começo."

Seu companheiro explicará a Prokosch que Gertrude Stein tem um modo muito pessoal de contar uma história sem contar história. Seus personagens se definem graças ao acúmulo de momentos tecidos pelo ritmo de seu estilo e, se ela não pontua as frases, é para dar à existência um ritmo mais contínuo.

"Sua voz" — lembra Prokosch — "continuava a rumorejar sem fim nem começo, e o mundo se juntava como os fragmentos de um quebra-cabeça."

Então, com um estranho sorriso, ela olha seu interlocutor nos olhos, com um brilho de curiosidade, como se tentasse descobrir neles um estilo mais novo e mais suave. Balança a cabeça com ar desencantado e, enquanto Alice puxa as cortinas e a sombra escurece o grande ateliê, parece aos dois rapazes ser decente partir.

Após cinco semanas em Paris o dinheiro deles se esgotou, e os dois compadres reservam passagens no *Mauretania* para voltar à América e para o Haverford College, tomando cuidado de enfiar na mala uma reprodução da *Gioconda* e um exemplar de A *fugitiva*.

"Telefonei para Sylvia [Beach]" — diz Prokosch ao amigo. "*Ele* vem tomar chá hoje."

Os desconhecidos não são admitidos nesse ritual, mas os dois estudantes pensam que poderão se insinuar na livraria para tentar descobri-*lo*. Chegam às quatro horas ao número 12 da rue de l'Odéon, livraria Shakespeare and Company. Vagueiam entre as estantes, espiam as fotos de Joyce, Pound, Lawrence presas às paredes. Sylvia, de costume de tweed, ostenta um "rosto firme, intenso, a mandíbula grega e os olhos de aço". *Ele* chegou? — perguntaram eles. Glacial, Sylvia responde que *ele* ainda não tinha chegado; ela acrescenta que não há a menor certeza de que *ele* venha. Enquanto eles folheiam as revistas, a porta retine suavemente; o maior silêncio plana então na livraria. Sylvia conduz o "excêntrico gênio" até o escritório adjacente. Os dois amigos se aproximam discretamente para tentar recolher as declarações do grande homem. Eles ouvem cochichos e o ruído de xícaras, depois, Sylvia fala da venda de *Ulisses*. Num tom ausente, Joyce a cumprimenta pela escolha do chá e pergunta: "Como se chama? Darjeeling?". "Lapsang souchong" — responde-lhe Sylvia, explicando que ele vem de Hédiard. Em seguida, como ele se deleita com tortinhas de ameixa, Sylvia lhe diz que elas vêm de Rumpelmeyer. Será para valorizar o convite, ou para manifestar ao escritor um possível esnobismo que ela lhe anuncia o nome de seus dois fornecedores, considerados em Paris como casas dispendiosas da gulodice?

Ao ver os dois rapazes à espreita pela porta entreaberta, Sylvia os convida a entrar, dizendo-lhes com ar de troça: "Ele não morde, vocês sabem!" Eles se aproximam, então, na ponta dos pés, contemplando com toda a atenção "o grande inovador". Joyce, distante, parece não vê-los e mantém os olhos presos à xícara de chá. Prokosch acha que ele tem a aparência de um médico provinciano estafado, com sua gravata-borboleta de poá, em volta do pescoço descarnado. Parece magro, apertado no colete. Mantém a famosa bengala de junco presa entre os joelhos cambaios. O queixo saliente, pontudo, e o nariz aquilino lhe dão um aspecto agudo. Ele usa dois enormes anéis de ouro nos dedos de uma das mãos, e um curativo esconde o olho esquerdo, doente. Com ar de dândi desleixado, bebe o chá em pequenos goles.

Sylvia traz mais duas xícaras e faz os dois amigos se sentarem. Ninguém diz uma palavra, e o silêncio constrangido é perturbado apenas pelos pequenos grunhidos seguidos de meneios de cabeça do escritor.

O amigo de Prokosch pergunta então polidamente: "Digame, senhor Joyce, Buck Mulligan tem como modelo um ser vivo qualquer?"

"— Apesar das superstições do vulgo" — responde-lhe Joyce —, "nenhum de meus romances é um *roman à clef*. Deixo para os amadores os personagens *à clef*. M. Micawber não foi modelo para o pai de Charles Dickens, e o barão de Charlus não é o retrato de um pederasta ilustre."

Ao pronunciar a palavra pederasta, dá um leve sorriso, depois do que, bebe chá, resmungando que não deveria bebêlo: Nora, sua mulher, lhe disse que era uma coisa que constipava, e que todos os ingleses eram constipados por causa dos milhões de xícaras de chá que bebiam. Engolindo uma bomba e, em seguida, lambendo a ponta dos dedos, acrescenta que não deveria comê-los, pois Nora lhe ensinara que os doces provocavam flatulências. Escrutando Prokosch com seu único olho, Joyce percebe o desencanto de seu parceiro diante dessas afirmações somáticas. Decide, então, que basta de flatulências e diz: "Vocês estão ansiosos para me fazer uma pergunta? Vamos lá."

Prokosch, pego de surpresa, deixa escapar: "O que o senhor pensa de Virginia Woolf?"

"— Um nome impressionante; concordo inteiramente com você" — responde ele com um pequeno sorriso. — "Ela se casou com um marido lobo (wolf) com o único fim de mudar de nome. Virginia Stephen não é nome para uma mulher de letras de vanguarda. Um dia, escreverei um livro sobre o caráter apropriado dos nomes. Geoffrey Chaucer, como se espera, produz um som devasso, e Alexander Pope não poderia ser senão Alexander Pope. Colley Cibber era um bobinho, sem grande elegância; quanto a Shelley, era tanto Percy quanto Bysshe."[2]

Arriscando-se a perguntar se ele acha que Virginia Wolf conquistou o domínio do fluxo de consciência, Prokosch atrai um olhar mau e um ar indignado: "O que é isso? Não é o monólogo final de Molly Bloom?" — pergunta timidamente Prokosch.

"Molly Bloom era uma dama que tinha os pés na terra" — replica Joyce num tom ameaçador. "Ela jamais se entregaria a algo tão refinado quanto um fluxo de consciência."

Depois, ainda furioso, disse-lhe que quando ouve a palavra *fluxo*, pensa em urina mais do que em romance contemporâneo. Lembra-lhe que Shakespeare o emprega continuamente — um pouco demais, em sua opinião; na verdade, o fluxo de consciência não existe; para ele, é apenas uma bruma espessa. Aliás, Joyce acha a expressão horrorosa. Humilhado, o pobre rapaz lhe lança um olhar desolado. Percebe, então, no único olho do escritor um brilho de cumplicidade,

---

[2]Geoffrey Chaucer (1340-1400), poeta inglês que introduziu o rondó, o virelai e a balada. Autor de *Contos de Canterbury*, é o primeiro escritor realista. Alexander Pope (1688-1744), poeta e ensaísta inglês, autor, ao 12 anos, de *Ode à solidão* e da *Epístola de Heloísa a Abelardo*. Colley Cibber (1671-1757), ator e autor dramático. A ele se devem *Ela queria e não queria* e *O marido despreocupado*. Percy Bysshe Shelley (1792-1822), amigo de Keats, autor de *A rainha Mab*, *A revolta do Islã*, *Prometeu libertado*...

"como uma vela brilhando numa capela deserta". Nesse momento, Prokosch conta ter-se sentido sozinho com Joyce no cômodo, e no mundo crepuscular.

"No dia seguinte de manhã, o sol se levantou a contragosto. Passeamos pela rue Jacob na direção do boulevard Saint-Germain. Era a época em que Paris era ridiculamente barata, e nosso quarto, no quai Voltaire, custava um dólar por dia. No Flore, nosso Cinzano custava dez centavos, incluindo o serviço. Fumávamos Gauloises no terraço, olhando os passantes."

Prokosch fica maravilhado ao constatar que as ruas têm nomes de escritores: avenue Victor Hugo, rue Paul-Valéry, e espera que um dia haja um boulevard Marcel-Proust. Se o autor da *Recherche* não tem um boulevard, em compensação, uma rua do XVI bairro leva seu nome, bem como uma aléia que une a avenue Marigny à place de la Concorde, ao longo da avenue des Champs-Elysées, espaço familiar das brincadeiras de Marcel com Gilberte Swann, seu amor de infância.

O autor de *Vozes na noite* se alegraria em saber que a cidade de Paris continuamente homenageia os poetas: Guillaume Apollinaire, Aragon, Claudel, Cendrars, Eluard... e os escritores: Colette, Gide, Fargue, Bernanos, Sartre e Beauvoir casados para a posteridade perto da igreja Saint-Germain-des-Prés, para não citar aqueles que têm uma avenida, uma rua, uma praça, um jardim. Já os nomes de Stendhal, Dumas, Flaubert, Zola, Baudelaire, Verlaine, Balzac, os Goncourt, Daudet e tantas outras celebridades do século XIX tinham sido dados a outras vias da capital.

Excetuando George Bernard Shaw, James Joyce, Ernest Hemingway, poucos escritores anglo-saxões tiveram esse privilégio.

Os caminhos da glória não poderiam esquecer Ezra Pound, Oscar Wilde, Gertrude Stein, Samuel Beckett... Os edis da capital têm apenas a dificuldade da escolha.

BIBLIOGRAFIA

Picasso et ses amis, Fernande Olivier, Stock, 1933.

Autobiographie d'Alice B. Toklas, Gertrude Stein, Gallimard, 1934.

Panorama de la littérature contemporaine aux Etats-Unis, John Brown, Gallimard, 1954.

Mon ami Henri Miller, Alfred Perlès, Julliard, 1956.

Du café voltaire à la bibliothèque Franklin, Centre Culturel Américain de Paris, 1957.

Les confidences de Youki, Youki Desnos, Fayard, 1957.

Le roman de l'art vivant, Florent Fels, Fayard, 1959.

Les années vingt à Paris. Les écrivains américains à Paris et leurs amis 1920-1930, Centre Culturel Américain, mars-avril 1959.

Montparnasse vivant, Jean-Paul Crespelle, Hachette, 1962.

Ma vie avec Gertrude Stein, Alice B. Toklas, Anatolia-Le Rocher, 1963.

Sylvia Beach, hommages, Mercure de France, 1963.

Paris est une fête, Ernest Hemingway, Gallimard, 1964.

Le monde et ma caméra, Gisèle Freund, Denoël, 1970.

Le père Miller, Gérald Robitaille, Le Terrain Vague, 1971.

Portrait d'une séductrice, Jean Chalon, Stock, 1976.

La vie quotidienne à Montparnasse à la grande époque 1905-1930, Jean-Paul Crespelle, Hachette, 1976.

La rive gauche, Herbert Lottman, Le Seuil, 1981.

Shakespeare and Company, Sylvia Beach, Mercure de France, 1982.

Vie et débauche, voyage dans l'oeuvre de Henry Miller, Norman Mailer, Buchet-Chastel, 1983.

Voix dans la nuit, Frederic Prokosch, Fayard, 1984.

La Coupole, 60 ans de Montparnasse, Françoise Planiol, Denoël, 1986.

Femmes de la rive gauche, Shari Benstock, Éditions des Femmes, 1987.

Kiki et Montparnasse 1900-1930, Billy Klüver e Julie Martin, Flammarion, 1989.

Henry Miller, biografia, Béatrice Commengé, Plon, 1991.

Rue de l'Odéon, Adrienne Monnier, Albin Michel, 1989.

Histoire de la littérature américaine, 1939-1989, Pierre-Yves Pétillon, Fayard, 1992.

Entretiens de Paris avec Henry Miller, apresentados por Georges Belmont, Stock, 1993.

Hemingway, biografia, James R. Mellow, Le Rocher, 1995.

Paris était une femme, Andrea Weiss, Anatolia-Le Rocher, 1996.

Published in Paris1920-1939, Hugh Ford, Imec Éditions, 1996.

Artistes américains à Paris 1914-1939, Jocelyne Rotily, L'Harmattan, 1998.

Edith Wharton, biografia, Diane de Margerie, Flammarion, 2000.

Man Ray à Montparnasse, Herbert Lottman, Hachette, 2001.

Tendre était la vie, Calvin Tomkins, La Table Ronde, 2001.

Souvenirs d'outre-monde, Georges Belmont, Calmann-Lévy, 2001.

F. Scott Fitzgerald, biografia, Mattew J. Bruccoli, La Table Ronde, 2001.

Ezra Pound, biografia, John Tytell, Le Rocher, 2002.

Helena Rubinstein, biografia, Madeleine Leveau-Fernandez, Flammarion, 2003.

Hemingway contre Fitzgerald, Scott Donaldson, Les Belles Lettres, 2003.

Passage de l'Odéon, Laure Murat, Fayard, 2003.

Correspondance, L. Durrell-H. Miller, Buchet-Chastel, 2004.

Henry Miller, Frédéric Jacques Temple, Buchet-Chastel, 2004.

Montparnasse, l'Âge d'or, Jean-Paul Caracalla, Denoël, 1997. Edição revista e corrigida: La Table Ronde, 2005.

ÍNDICE

A

ABBOTT, Berenice, 256
ALASTAIR, 137
ALBERT-BIROT, Pierre, 27
ALBERTI, Rafael, 218-219
ALDINGTON, Richard, 214-216
ALGER, Horacio, 64
ALLAIS, Alphonse, 15, 229
ANDERSON, Margaret, 38, 53, 154, 173, 255
ANDERSON, Sherwood, 63, 68, 75
ANDRÉ-MAY, Pierre, 27
ANSERMET, Ernest, 97-98
ANTHEIL, George, 43-44, 46, 65, 170
APOLLINAIRE, Guillaume (Wilhelm Apollinaris de Kostrowitsky), 23, 35-36, 72, 172, 229, 270
ARAGON, Louis, 204, 206-208, 210, 213, 270
ARNAUD, M., 39

ARP, Jean, 36
ASCH, Natan, 72, 92
AUDEN, Wystan Hugh, 219
AURIC, 96

B

BALANCHINE, George, 97
BALD, Wambly, 113, 121
BALZAC, Honoré de, 15, 17, 204, 270
BARNES, Djuna, 61, 75, 255, 259-261
BARTHOLDI, Auguste, 237, 242
BARTÓK, Béla, 231
BASSIANO, princesa (nascida Marguerite Giber Chapin), 45
BATY (restaurante Chez), 23
BAUDELAIRE, Charles, 17, 137, 236, 270
BEACH Sylvester W., 25

BEACH, Sylvia, 21, 25, 31, 38, 41-43, 50-51, 54, 66, 121, 165, 167-170, 174, 177-182, 184-186, 199, 201, 251, 255, 267

BEARDSLEY, Aubrey Vincent, 137, 212

BEATON, Cecil, 204

BEAUMONT, Etienne Bonnin de la Bonninière, conde de, 97, 102, 126, 204

BEAUVOIR, Simone de, 270

BECKETT, Samuel, 215-216, 270

BENDA, Julien, 166

BENOIST-MÉCHIN, Jacques, 199

BERENSON, Bernhard, 12

BERNANOS, Georges, 270

BERRY, Walter, 75, 140-142

BERTIN, Senhor, 73

BIRD, William, 59-60, 68, 82, 105, 170, 205, 263

BISHOP, John Peale, 126

BLAKE, William, 165

BLUM, René, 102

BOILEAU-DESPRÉAUX (Nicolas Boileau, chamado), 136

BOK, Senhora Edward, 43-44

BONI & LIVERIGHT, editores, 68-70, 88, 127

BONNARD, Pierre, 102

BÖRLIN, Jean, 100, 101

BOSWELL, James, 113

BOUCHER, Alfred, 20

BOULANGER, Nadia, 24

BOURDELLE, Antoine, 229

BOYLE, Kay, 52, 255

BRACE, Donald, 162

BRADLEY, William, 154-156, 161-164, 249

BRANCUSI, Constantin, 36-37, 204

BRAQUE, Georges, 12, 18, 36-37, 72, 95, 204

BRASSAI (Gyula Halász, chamada), 240-241

BRAVERMAN, Barnet, 183-184

BRETON, André, 204, 238

BROCA, Henri, 118

BROMFIELD, Louis, 155

BRONTË, irmãs, 258

BROOKS, Romaine, 75

BROWN, Curtis, 138

BRUANT, Aristide, 15

BRYHER (Winifred Ellerman, Senhora McAlmon, chamada), 44, 48-51, 55, 256, 261

BUNDGEN, Frank, 168

BULLIER, François, 17

BURNETT, Whit, 152

BUTLER, Samuel, 199

BUTTS, Mary, 60

C

CALDER, Alexander, 228

CAMUS, Albert, 258

CANNELL, Kathleen, 151

CAPONE, Al (Alphonse Capone, chamado), 24

CARAMAN-CHIMAY, princesa de, 130

CARAN D'ACHE (Emmanuel Poiré, chamado), 15

CARCO, Francis (François Carcopino-Tusoli, chamado), 222, 225

CARPEAUX, Jean-Baptiste, 15

CARROLL, Lewis (Charles Lutwidge Dodgson, chamado), 144, 206, 208

CARTIER, joalheiro, 138

CASALS, Pablo, 25

CASANOVA, Giovanni Giacomo de Seingalt, 140

CÉLINE (Louis Ferdinand Destouches, chamado), 253

CENDRARS, Blaise (Frédéric Sauser, chamado), 18, 97-98, 101, 252, 270

CENDRARS, Miriam, 252

CÉZANNE, Paul, 12-13, 81, 229, 231

CHAMBON, Paul, 19

CHAMPMESLÉ (Marie Desmares chamada), 74

CHANEL, Coco (Gabrielle Chanel, chamada), 110

CHANLER, Theodore, 123, 127

CHAPLIN, Charlie (Sir Charles Spencer, chamado), 19

CHAR, René, 218

CHARDIN, Jean-Baptiste Siméon, 27

CHARTERS, Jimmie, 85, 118

CHATEAUBRIAND, François René, 17

CHAUCER, Geoffrey, 32, 268

CHENTOFF, Polia, 116

CHÉRET, Jules, 15

CHESTERTON, 199

CIBBER, Colley, 269

CLARK, Herbert, 134

CLAUDEL, Paul, 30, 102, 166, 270

CLIFFORD, Barney Natalie, 44, 61, 72-75

COATE, Robert, 158

COCTEAU, Jean, 23-24, 36-37, 75, 81, 97, 102, 150, 204

CŒUROY, André, 170

COLETTE, Sidonie Gabrielle, 75, 270

COLOMBO, Cristóvão, 54

CONFÚCIO, (K'ung-Tsu, chamado), 37

CONNOLLY, Cyril, 162

CONRAD, Joseph, 51

Contact Publishing Company, 87

COOPER, James Fenimore, 54

COPPÉE, François, 229

CORNEILLE, Pierre, 74

COROT, Jean-Baptiste Camille, 204

COWLEY, Malcolm, 148

CRANE, Hart, 147-152

CRÉPINEAU, Jacques, 86

CREVEL, René, 37, 150, 204, 214

CROS, Charles, 15

CROSBY, Caresse (Mary Jacob, Senhora Polly Crosby, chamada), 133-134, 136-138, 139-140, 142-145, 149-150

CROSBY, família, 134, 136, 138, 140-143, 148-149, 152

CROSBY, Harry, 133-141, 142-150

CROWDER, Henry, 210-213, 217

CUMMINGS, Edward Estlin, 97, 120, 150

CUNARD, Lady, 203-204, 211
CUNARD, Nancy, 105, 203, 205, 207-209, 210-220, 255
CUNARD, Samuel, 203

D

DAHL, André (Léon Kuentz, chamado), 118
DALI, Salvador, 238
DAMIA (Louise Marie Damien, chamada), 240
D'ANNUNZIO, Gabriele, 211
DARANTIÈRE, Maurice, 56, 83, 120, 157-159, 160, 176-180, 182, 185
DAUDET, Alphonse, 122, 270
DAVID, Hermine, 120
DE CHIRICO, Giorgio, 36, 102
DE QUINCEY, Thomas, 140
DEBUSSY, Claude, 102
DECKER, Michel de, 203
DEGAS, Edgar, 204, 229
DELAUNAY, Robert, 36
DENIS, Maurice, 13
DERAIN, André, 12, 204, 238
DÉVIGNE, Roger, 59-60
DIAGHILEV, Serge de, 36, 96
DICKENS, Charles, 268
DONATELLO (Donato di Betto Bardi, chamado), 12
DONNAY, Maurice, 15
DOOLITTLE, H. D. (Hilda Doolittle, chamada), 48-49, 50, 60, 173, 260-261

DORAN & Co. editores, 68
DOS PASSOS, John Roderigo, 68, 72, 93, 97, 126, 128, 155, 194-195, 228
DOUANIER ROUSSEAU (Henri Rousseau, chamado), 81
DOUGLAS, Norman, 209, 211, 214
DREISER, Theodore, 127
DUCHAMP, Marcel, 224, 229, 252
DUFY, Raoul, 12, 224
DUHAMEL, Georges, 26, 37, 239
DUMAS, Alexandre, 270
DUNCAN, Isadora, 131
DUNCAN, Raymond, 72
DUNNING, Ralph Cheever, 113-114
DUREY, 97

E

Éditions Carrefour, 237
ELIOT, Thomas Stearns, 32, 35, 45, 50, 53-54, 81, 137, 173, 189, 259
ELISABETH I, rainha da Inglaterra, 54
ELLERMAN, lady, 44, 48, 50
ELLERMAN, sir John, 48-50, 56
ELLIS, Walker, 126
ELLMANN, Richard, 170
ELUARD, Paul (Eugène Grindel, chamado), 218, 236, 270
EMERSON, Ralph Waldo, 141
ERNST, Max, 229

F

FAIRBANKS, Douglas, 19
FARGUE, Léon-Paul, 19, 30, 33, 45, 199, 225, 270
FAULKNER (William Faulkner, chamado), 61
FAYARD, Arthème, 12
FELS, Florent, 12
FITZGERALD, família, 93, 127, 130
FITZGERALD, Francis Scott Key, 64, 68, 87-96, 102-104, 107, 121-132, 155, 171, 191-196
FITZGERALD, Scottie, 197
FITZGERALD, Zelda, 89-91, 92-93, 102, 123, 127, 131-132, 196-197
FLANNER, Janet, 75, 203, 256-258
FLAUBERT, Gustave, 65, 204, 270
FOCH, 141
FOLLAIN, Jean, 19
FORD, Ford Madox (Ford Hermann Hueffer, chamado), 37, 75, 80, 106, 113, 155
FORT, Paul, 26
FOUJITA (Fujita Tsuguharu, chamado), 117, 120
FOURNIER, Édith, 168
FOX, John Jr., 32
FRAENKEL, Michael, 236-239, 241
FRANCE, Anatole (Thibault François, chamado), 34
FRÉHEL, família, 240
FREUND, Gisèle, 256
FRIEND, Henrietta, 106
FRIEND, Krebs, 105-106
FRIESZ, Othon, 12
FULLER, Marie-Louise (chamada Loïe), 25
FULLERTON, Morton, 75

G

GALANTIERE, Lewis, 38
GARDEN, Mary, 25
GAUGUIN, Paul, 12-13
GAUTIER, Théophile, 122
GAUTY, Lys, 240
GELLHORN, Martha, 198
GEORGE V, rei da Inglaterra, 48
GEORGIUS, 240
GIDE, André, 30, 34, 74, 114, 150, 166, 178, 189, 214, 225-226, 229, 258, 270
GILBER, Stuart, 46, 133, 145, 200
GIROUX, Roger, 244
GOASGEN, família, 219
GODIVA, lady, 33
GOERG, Edouard, 238
GONCOURT, 122, 270
GONTCHAROVA, Natalia, 96-98
GOURMONT, Remy de, 73
GOYA, Francisco de, 264
GRAHAM, Sheilah, 197
GRANT, Ulysses, 163
GRASSET, Bernard, 102
GRECO, El, 264
GREEN, Graham, 263
GREEN, Julien, 257
GRIFFITHS, Clyde, 127

GRIS, Juan, 95
GROMAIRE, Marcel, 238
GRUPO DOS SEIS, 97
GUEVARA, Álvaro, 208
GUGGENHEIM, Peggy, 259
GUILBERT, Yvette, 15
GUILER, família, 247
GUILER, Hugh, 243-244
GURDJIEFF, George Ivanovitch, 56

H

HALÉVY, Daniel, 229
HARCOURT, Brace, 162, 164
HARCOURT, Alfred, 162
HARROW, 85
HARTE, Bret, 54
HARTLEY, Marsden, 56
HEAP, Jane, 38, 81, 84, 154, 173, 255
HEARST, William Randolf, 101
HEMINGWAY, Bumby, 66, 91, 105
HEMINGWAY, Clarence, 64
HEMINGWAY, Ernest, 37-40, 50-52, 56, 60, 63, 65, 68-69, 80, 85, 87-92, 95-96, 106-107, 111, 119-123, 127-128, 144, 155, 170, 173, 178, 183, 189-198, 228, 258, 263, 270
HEMINGWAY, família, 33, 37-38, 196, 225
HOFFMANN Girls, 86
HOLT, Henry, 162
HOMERO, 172
HONNEGER, Arthur, 97, 102
HOWELL, Jenkins, 39

HUEBSCH, Ben W., 25
HUGHES, Langston, 219
HUGO, Victor, 17, 269
HUXLEY, Aldous, 117, 204, 252
HUYSMANS, Joris-Karl (Georges Charles Huysmans, chamado), 137, 223

I

INDY, Vincent d', 243
INGRES, Dominique, 17, 73

J

JACOB, Max, 23-24
JAMES, Henry, 54, 140, 163
JENKINS, Howell, 39
JEROME K. Jerome (Jerome Klapka Jerome, chamado), 32
JERÔNIMO, são, 119-120
JOHNSON, Samuel, 114
JOLAS, Eugene, 124, 144, 147
JOYCE, família, 171
JOYCE, Giorgio, 169, 186
JOYCE, James, 24-25, 32, 43-44, 49, 51, 55, 81, 111, 113, 115, 145, 159, 165-168, 171-182, 184-189, 199-201, 217, 244, 251-252, 259, 263, 266-270
JOYCE, Lucia, 169
JOYCE, Mrs Nora, 166, 169, 171, 251, 259, 268
JOZAN, Edouard, 103

K

KAHANE, Jack, 249-252
KANT, Emmanuel, 265
KEATS, John, 269
KIKI (Alice Ernestine Prin, chamada), 111, 118-121
KIPLING, Rudyard, 133
KISLING, Moïse, 23, 117, 120
KLEE, Paul, 231
KNOPF, editor, 68, 79, 81
KOKLOVA, Olga, 98
KOKOSCHKA, família, 224
KOKOSCHKA, Oskar, 204
KOMROFF, Manuel, 116
KROGH, Per, 117
KRONSKI, Jean, 228, 231, 235, 244

L

LA FONTAINE, Jean de, 14
LA ROCHEFOUCAULT, Armand, conde de, 142
LARBAUD, Valery, 21, 30, 33, 199-201, 225, 257
LARIONOV, Michel, 96, 98
LAURENCIN, Marie, 72
LAWRENCE, David Herbert, 63, 111, 117, 138-139, 141, 149, 159, 235, 243, 266
LÉAUTAUD, Pa ıl, 34, 41-42
LECOUVREUR, Adrienne, 73-74
LEFAURE, Jean-Claude, 221
LÉGER, Fernand, 96, 100, 102
LÊNIN, (Vladimir Ilitch Ulianov, chamado), 19

LESCARET, Roger, 135-136, 138, 141
LÉVESQUE, Jacques-Henri, 252
LEVINGSTON, Guy, 46
LÉVY, Maurice, 206-210, 213
LEWIS, Sinclair, 162
LEWISOHN, Ludwig, 111, 115
LIBION, Victor, 18
LINDA, Lee, 100
LIONA, Victor, 87
LOEB, Charles-Harold, 68
LONDRES, Albert, 241
LOWRY, Malcom, 162
LOY, Mina, 56, 60, 81, 255
LURÇAT, Jean, 238

M

MACAULAY, 155
MACCOWN, Eugene (chamado McGowan), 150, 214
MACLEISH, Ada, 72, 92
MACLEISH, Archibald, 72, 92, 95, 126, 128, 130, 170
MALLARMÉ, Stéphane, 112, 137, 171
MANET, Édouard, 13, 112, 204, 229
MANN, Thomas, 115
MANO, Guy Levis (também conhecido como Jean Garamond), 218
MARÉ, Rolf de, 100-102
MARKS, Harry, 142, 144, 151
MARQUE, Albert, 12
MARRYAT, capitão, 65
MARTIN, Flossie, 86
MARTOUNE, 240
MATISSE, Henri, 12-14, 72, 231

MAUPASSANT, Guy de, 65, 140, 236
MAUROIS, André (Émile Herzog, chamado), 34
MAYO (Antoine Milliarakis, chamado), 121
MAYOUX, Suzanne, 87
MCALMON, Robert, 44-45, 47-51, 54-57, 60-61, 68, 79, 81-84, 87, 105, 121, 154, 170, 173, 203, 259, 261
MCBRIDE, Henry, 153, 163
MELARKI, Francis, 127
MELVILLE, Herman, 54
MEYER, Marcelle, 98
MICHONZE, Grégoire, 229-230
MILHAUD, Darius, 97-98, 101, 204
MILLER, Béatrice, 235
MILLER, Henry, 160, 221-224, 227-228, 230-235, 236-242, 244-248, 251-254
MILLER, June (nascida Mansfield), 221, 224, 233-235, 244-245
MIRÓ, Juan, 96
MISTINGUETT, 126
MODIGLIANI, Amadeo, 18, 23, 117, 229
MOGADOR, Céleste, 17
MONET, Claude, 222
MONNIER, Adrienne, 25-26, 28-30, 34, 44-46, 50, 66, 67, 134, 165-166, 171, 176, 177, 182, 199-201
MONROE, Harriet, 53
MONTALDO, Giuliano, 194
MOORE, Marianne, 53

MORAND, Paul, 204, 256
MOREL, Auguste, 200
MORGAN, John Pierpont, 133, 139
MORRIS, William, 261
MORTON, Jelly Roll, 211
MOSCHOS, Cyprian, 179
MOSCHOS, Hélène, 182
MOSCHOS, Myrsine, 179-182
MURILLO, Bartolomé Estebán, 264
MURPHY, Esther, 126
MURPHY, família, 50, 95-99, 102-103, 126-129, 131, 192, 196
MURPHY, Gerald, 93-94, 96, 100, 126, 128, 129-131
MURPHY, Sara, 93, 128

N

NABOKOV, Vladimir, 263
NADAR (Félix Tournachon, chamado), 229
NADEAU, Maurice, 168
NARCISO, 138
NERUDA, Pablo, 218
NEY, Michel, marechal de França, 15
NIJINSKI, Vatslav Fomitch, 36
NIN, Anaïs, 243, 245-248, 252
NIN Y CASTELLANO, Joaquín, 243

O

O'HARA, John, 195
O'NEILL, Eugene, 151
OLIVIER, Fernande, 13, 72
ORLOFF, Chana, 238

ORTIZ DE ZÁRATE, Manuel, 23, 204
ORWELL, George, 162
OSBORNE, Richard Galen, 237, 241-242

P

PAÏVA, Thérèse Lachman, marquesa de, 122
PARKER, Dorothy, 198
PASCIN, Julius (Julius Pinkas, chamado), 20
PAVLOVA, Anna, 36
PÉGUY, Charles, 165-166
PEPYS, Samuel, 113
PERKINS, Max, 69, 89, 107, 126, 155, 192-194, 198
PERLÈS, Alfred, 237-238, 241, 248
PESSIS, Jacques, 86
PFEIFFER, Jinny, 50
PFEIFFER, Pauline, 128
PIA, Pascal, 28
PICABIA, Francis, 37, 102
PICASSO, Pablo Ruiz, 13-14, 18, 23, 36, 43-44, 72-73, 95-99, 100, 102, 155, 224, 265
PICASSO, Paulo, 98
PICKFORD, Mary, 19
PLATÃO, 265
POE, Edgar Allan, 54, 112, 137, 145, 169
POLIGNAC, princesa de, 97-98
POMARÉ, Reine, 17
POPE, Alexander, 268
PORTER, Cole, 100
PORTER, Katherine Anne, 255

POULENC, 96
POUND, Dorothy, 35, 38
POUND, Ezra, 35-40, 43-45, 50, 54-55, 74, 81, 91, 96, 105, 113, 155, 166, 169, 171, 173, 177, 185, 201, 204, 208, 214, 252, 256, 259-260, 267, 270
PROKOSCH, Frederic, 263-270
PROUST, Marcel, 24, 72, 121, 139-140, 246, 266, 270
PUTNAM, Samuel, 114, 119-121, 162
PUY, Jean, 12

Q

QUENEAU, Raymond, 252
QUINN, John, 81, 105, 170, 173, 179, 183

R

RABELAIS, François, 119, 236, 238
RACINE, Jean, 74, 256
RADIGUET, Raymond, 89, 102
RALEIGH, Walter, 54
RAY, Man (Emmanuel Rudnitsky, chamado), 117, 120, 204, 213
REICHEL, Hans, 231
RENOIR, Auguste, 12-13
REVERDY, Pierre, 26-27
RIGAUD, Hyacinthe, 17
RIMBAUD, Arthur, 17, 134, 137, 211, 229, 236
RIMSKI-KORSAKOV, Nicolai Andreievitch, 140
ROCHÉ, Henri-Pierre, 13, 23

RODIN, Auguste, 15, 228-229
RODKER, John, 154, 185
ROMAINS, Jules (Louis Farigoule, chamado), 26, 30, 37
ROSENBERG, Léonce, 95, 97, 99, 214
ROSS, Harold, 256
ROSSETTI, 261
ROSSINI, Gioacchino, 256
ROTCH, Josephine, 144
ROY, Claude, 201
RUBINSTEIN, Helena, 109-110, 117
RUDE, François, 15
RUIZ, Maria, 98
RUSKIN, John, 141

S

SACCO e VANZETTI, Nicolas e Bartolomeo, 194
SADOUL, Georges, 213
SAINT-EXUPÉRY, Antoine, 162, 225
SALAZAR, Tonio, 120
SALMON, André, 18, 23, 225, 241
SARTRE, Jean-Paul, 258, 270
SATIE, Erik (Alfred Erik Leslie-Satie, chamado), 36, 44, 97, 102, 204
SAUGUET, Henri, 204
SAVITZKY, Ludmillia, 167, 169
SAXE, o marechal (Maurice, conde de Saxe, chamado), 73
SCHLUMBERGER, Jean, 30
SCHNELLOCK, Emil, 235, 241
SCHNITZER, Arthur, 113

SCHÖNBERG, Arnold, 231
SCHOPENHAUER, Arthur, 265
SCRIBNER, Charles, 155, 191, 195
SCRIBNER'S (Charles Scribner's Sons), 69, 87, 89, 127, 192-193
SEDGWICK, Ellery, 133, 162
SELDES, Gilbert, 102
SELDES, Marian, 93
SÉRUZIER, Christian, 222
SERVANT, Marcel, 249, 250
SEURAT, Georges, 81
SHAKESPEARE, William, 256, 269
SHAW, George Bernard, 178, 270
SHAWN, William, 258
SHELLEY, Percy Bisshe, 268
SHIPMAN, Evan, 72, 92
SIGNAC, Paul, 81
SIMENON, Georges, 241
SITWELL, Edith, 205
SOLANO, Solita, 75, 203, 256
SOUPAULT, Philippe, 26
SOUTINE, Chaim, 117, 238
SPEAR, Thelma, 115
SPIRE, André, 165-166, 168
STEIN, família, 72
STEIN, Germaine, 121
STEIN, Gertrude, 11-14, 24, 32-33, 37, 42, 52, 60, 71, 73, 79-84, 89, 92, 99, 121, 153-164, 192, 260, 263-266
STEIN, Leo, 11-13, 264
STEINBECK, John, 228
STEINLEN, Théophile Alexandre, 15
STELLA, Joseph, 148
STELOFF, Frances, 160

STENDHAL (Henri Beyle, chamado), 17, 236, 256, 270
STEPHEN, Virginia, 268
STERNE, Laurence, 258
STEWART, Donald Ogden, 67-69, 72, 92, 95
STRATTON-PORTER, Gene, 32
STRAVINSKY, Igor, 36, 43-44, 96-98, 231
SUE, Eugène, 65
SYMONS, Arthur, 212

T

TADIÉ, Alexis, 170
TAILLEFERRE, Germaine, 97
TANGUY, Yves, 214
TEMPLE, Frederic Jacques, 235
THACKERAY, William Makepeace, 121
THAYER, Scofield, 40, 53, 97-98
THOMSON, Virgil, 24, 161
THREE, Iris, 208
TIHANYI, Lajos, 224, 231
TINTORETO, Iacopo Robusti, 140
TITUS, Edward, 61, 109-120, 214
TITUS, Horace, 110
TITUS, Roy, 110
TOKLAS, Alice B., 32, 74, 83, 99, 156-161, 164, 264
TOLSTOI, Leon, 63
TOMKINS, Calvin, 131
TOULOUSE-LAUTREC, Henri de, 13
TOURNIER, Jean, 87
TRIOLET, Elsa, 210

TRISTAN (Paul Bernard, chamado), 15
TWAIN, Mark, 54
TZARA, Tristan (Samy Rosenstock, chamado), 36, 98, 204, 224

U

UTRILLO, Maurice, 117, 222

V

VALENTINO, Rudolph (Rodolfo Guglielmi, chamado), 102
VALÉRY, Paul, 30, 34, 45, 75, 141, 166, 171, 189, 225, 270
VALLÈS, Jules, 229
VALTAT, Louis, 12
VAN DONGEN, Kess (Cornelis T. M., chamado), 12, 19
VAN GOGH, Vincent, 222
VAN VECHTEN, Carl, 79, 155-156
VANIER, 212
VASSILIEFF, Marie, 23
VAUXCELLES, Louis (Louis Meyer, chamado), 12
VERHAEREN, Émile, 211
VERLAINE, Paul, 17, 112, 211, 229, 270
VICTORIA, rainha da Inglaterra, 120
VILDRAC, Charles, 37
VITRAC, Roger, 151-152
VIVIEN, Renée (Pauline Tarn, chamada), 74
VLAMINCK, Maurice de, 12

VOLLARD, Ambroise, 12, 97
VOLTAIRE (François-Marie Arouet, chamado), 74

W

WALSH, Ernest, 51, 72, 92, 105, 113
WARNOD, André, 19
WASHINGTON, George, 112, 163
WEAVER, Harriet Shaw, 53, 173, 176, 185-186
WELLS, Herbert George, 173
WELSH, Mary, 198
WHARTON, Edith, 73-76, 122-123, 127, 140-141, 258, 263
WHARTON, Teddy, 76
WHISTLER, James Abbott McNeil, 212
WHITMAN, Walt, 169
WIBORG, Hoytie (irmã de Sara Murphy), 129
WILDE, Dolly, 75
WILDE, Oscar, 75, 145, 169, 212, 270
WILDER, Thornton, 75, 170
WILLETTE, Adolph, 15
WILLIAMS, família, 49
WILLIAMS, William Carlos, 48, 53, 56, 60, 261

WILSON, Edmund, 89, 193
WILSON, Louis, 86
WILSON, Thomas Woodrow, 25
WILSON, Yopi, 85
WIZNER, Charles, 176
WOLFE, Lily, 116
WOOLF, Virginia, 162, 205, 209, 269
WOOSLEY, juiz, 188
WRIGHT, Wilburg, 163
WRIGHT-WORTHING, antiquários, 31

X

XANROF (Léon Fourneau, chamado), 15

Y

YEATS, William Butler, 35, 177

Z

ZADKINE, Ossip, 227-229
ZOLA, Émile, 122, 204, 229, 270
ZURBARÁN, Francisco de, 264

Este livro foi composto na tipologia
Electra LH Regular, em corpo 11/15, e impresso
em papel off-white 80g/m² no Sistema Cameron
da Divisão Gráfica da Distribuidora Record.

Seja um Leitor Preferencial Record
e receba informações sobre nossos lançamentos.
Escreva para
RP Record
Caixa Postal 23.052
Rio de Janeiro, RJ – CEP 20922-970
dando seu nome e endereço
e tenha acesso a nossas ofertas especiais.

Válido somente no Brasil.

Ou visite a nossa *home page*:
http://www.record.com.br